PANORÁMICA DE LA POLÍTICA ESPAÑOLA ACTUAL ó ENSAYO SOBRE SEXO

BENJAMÍN NÚÑEZ

Nos gobierna una oligarquía de unos mil o dos mil personajes y personajillos ramificado su poder y extendido como una vasta telaraña para captar toda influencia, fuerza o energía independiente y asimilársela o, a no conseguirlo, paralizar su acción y anularla definitivamente.

Emilia Pardo Bazán

Introito

Bien, empecemos por tratar sobre el peculiar título de este libro, como así estará deseando el curioso lector. Ganas no me faltaban de llamarlo <<Cómo acabar con la política de una vez por todas>> emulando al viejo *Woody*, o <<Toda la verdad sobre la política que usted se niega a saber>>.

La realidad es bastante simple. De política vamos a tratar aquí, y española, y como ya yo tenía un relato, bueno dos, que hubo una segunda parte, que trataban del tema, y como el título había hecho fortuna, pues ahí que me decidí a retomarlo, a plagiarlo, a darle nueva vida, a prolongarle la existencia…basta. Claro, quizá piense el lector que al tratarse éste de un ensayo político puro y duro la segunda parte del título sobraba, la que hace mención al sexo, pero no se inquiete, tengo una respuesta preparada, ingeniosa, obvia, fácil, soez, ilustrativa. ¿Es que no se han dedicado nuestros próceres, en las últimas cuatro décadas, a jodernos a base de bien? Además, que *Panorámica de la Política Española Actual*, así, a palo seco, no tiene gancho, no tiene gracia. Sí, vivimos una época ahíta de retruécano sin tuétano, lo sé, pero a ver cómo vendo esto sin una llamada de atención, ya me dirá. Sobre los dos mencionados relatos, creo que decidiré añadirlos al final, a fin de cuentan aún no han sido publicados aunque tienen unos añitos ya, de tiempos de *Zapatitos* el primero y un lustro después el segundo con un simpático añadido final, para que se hagan una cronológica idea, pero vale la pena incluirlos porque ofrecen una imagen del paisaje político de ésta España nuestra y de la educación sexual de que gozamos sus educandos, y todo mezclado y bien picadito.

También se hace necesario, según el lector, intuyo, una breve reseña biográfica del autor. Al final de la obra la tiene. Esto no es óbice, claro, para que el mencionado la repase, ya sea la edición impresa o digital de la que disfrute, antes de pasar por el texto propiamente dicho, pero vaya, que si he decidido colocarla al final, por algo será, digo yo.

¿A quién va dirigido este libro? Redactado en un lenguaje accesible y con claridad en la exposición de ideas, y sin bibliografía adjunta, este libro está escrito para ser entendido incluso por alguien como yo, aunque yo no lo entienda muy bien, confieso. Se dirige, por tanto, a dos sectores de población, por un lado, lectores de nivel académico bajo-nulo, incluso con retazos de zotedad, y por otro, lectores ilustrados, inclusive nivel excelencia. Para personas de nivel medio está absolutamente contraindicado.

Y sobre el porqué de un ensayo sobre política en nuestros días; buena pregunta. Hemos de convenir en que el mercado ya ofrece numerosos compendios de similar temática, algunos que serán incluso más jugosos que el que tiene entre manos (aunque pocos serán leídos y éstos muy por encima). Además, noticieros televisivos, prensa escrita, programas de radio, las ya tradicionales tertulias y el insondable internet ofrecen una cobertura y análisis sesudísimos. Los que recorrimos ya ciertos lustros tenemos que reconocer que en esta era de la comunicación nos embarga la impresión de que está todo dicho, mascado y deglutido una y otra vez. Entonces, aun a riesgo de resultar reiterativo pregunto: ¿para qué? Bueno, sólo se me ocurre que esta obra ha de servir para ilustración de futuras generaciones, las cuales, dicho sea de paso, se van a sorprender a nivel boca abierta ante dentista; cuando te pasa la factura.

Uno Oh, amado líder

Permítame esta licencia literaria para tratar sobre los presidentes de la democracia. Es un buen punto de partida porque de hecho la criatura que tenemos entre manos es un régimen presidencialista, lo que viene a significar que el que manda, manda mucho. Analizaremos aquí la figura de los siete magníficos que hasta la fecha han regido nuestros destinos, más acaso algún rey que nos salga al encuentro.

Lo que siempre he dicho al hablar sobre este tema es que en España cada presidente ha hecho bueno al anterior (lo malo es que el actual Pedro Sánchez parece que va a suponer una arista en la redondez de mi frase), y esto partiendo de un nivel muy bajo. Y no crea que me refiero sólo a su capacidad de gestión, a su visión de futuro, a su poder para concitar consensos, a su empatía para con el gobernado, no, hablo también de su capacidad de raciocinio pura y dura. Sí, afirmo sin despeinarme que nuestra suerte está en manos de perfectos patanes pero esto, lejos de ser un insulto, resulta que no es discutido por ninguno de los lectores de este libro entre los cuales, como usted comprenderá, al tratarse de millones, los habrá de todo pelaje ideológico e incluso incondicionales de alguno de los dirigentes expuestos, pero que no pueden menos que admitir la verdad de la anterior aseveración, y esto es debido a que se vota como se apoya al equipo de fútbol, aunque el jugador de mi equipo le haya arrancado la pierna al otro, ha sido amarilla como mucho, voto a los míos porque son míos, no veo la viga en el propio ojo, el sentimiento en contra del partido rival es lo que me otorga las fuerzas para apoyar al mío.

En el principio creó Franco a **Adolfo Suarez** y al rey. El rey será tratado más adelante, y de Adolfo recuerdo poco, y para buscar información ya están los historiadores, digamos sólo que, ya que había sido coronado por el Generalísimo, le supongo cierta ventaja en la primera cita electoral y le endoso como mínimo leve agradecimiento por conducirnos hacia la democracia, cualquier cosa mejor que una dictadura.

Después llegó **Calvo Sotelo**, apenas un interino del que tampoco recuerdo gran cosa, espero que la renta vitalicia le reconfortara de mi posterior desdén.

Entonces, entra en escena Felipe González. **El hombre de la chaqueta de pana**, el hombre que miraba hacia otro lado, el señor X. Felipe merece, no ya unos párrafos, triste panegírico de un pobre redactor, merece un homenaje diario y una renta vitalicia. Felipe fue el más listo, y aún no ha sido igualado, domaba multitudes mejor que una estrella de rock. De él se decía, creo que fue Ansón, que varios periodistas de derechas entrevistándolo a la vez no podían con él y de hecho casi salían convencidos de lo contrario a sus propias ideas.

Isidoro (su alias para con el régimen) comenzó por encumbrarse en Suresnes, sí, ese congreso en la clandestinidad cuyo dispositivo de seguridad curiosamente costeó el régimen franquista. Después consiguió con gran resistencia que el Psoe dejara el marxismo para hacerse socialdemócrata, amagando con irse, con la pericia que siempre le ha caracterizado.

A continuación pasó a liderar el acoso y derribo a la UCD. Esto es legítimo, ¿no, querido lector?, lo llaman el juego de la democracia, así que el juego consistió entonces en atacar al partido del gobierno por tierra, mar y aire, así lo recuerdo yo al menos en mi juventud. En estos tiempos sabemos, ahora se ha acuñado el término de crispación. Entonces todo vale, verdades y mentiras, exageraciones, muy repetidas y muy diferentes y numerosas, lo importante es mantener la intensidad para que el rival no tenga tiempo de pensar, de reaccionar, de recuperarse ante el aluvión, por eso es necesario que colaboren cuantos más compañeros mejor. Repito, la estrategia ha de ser legítima, para ganar hay que luchar, además, en aquella época los socialistas españoles tenían una convicción, si yo gano, aunque use métodos algo espurios, al final el país ganará porque soy el más honrado y tengo las mejores ideas de gobierno. Alumnos aventajados de la incipiente democracia, si vamos a pelear, peleemos con todo.

Qué magnífica interpretación del acento andaluz, lo que en otro sería una catetada a oídos de un castellano, Equis lo transformó en una seña de identidad, en una marca de pureza. Felipe creó escuela inaugurando la era del progresismo, el *buenrrollismo*, la promesa explicada con palabras aterciopeladas, había que aprender a hacer democracia y esto pasaba por crearse un personaje para representar la comedia. Así nacieron los Solana, Almunia, Corcuera, Borrell, Chaves, Griñán, Rubalcaba. Concéntrese el lector en los mencionados, ¿qué les define, en que se asemejan? Sí, son buenos padres de familia, gente confiable como la suavidad de la pana, cálidos, significaron los nuevos sacerdotes, esa inflexión de la voz era sinceridad pura, les confiaría a mi hija; y eso fue lo que hicimos, confiar a su custodia la madre patria.

Claro, a tan inmaculadas virtudes les salieron algunos lunares, nada, poca cosa, pelillos en el mar de la democracia. Como la reconversión industrial, un eufemismo por el que se destruyó el tejido productivo del país y nos quedamos hasta hoy como los campeones del paro y los camareros de Europa. Como una corrupción galopante, a caso por día nos desayunábamos, insuperable (hasta que llegó el Pepé). Como la Expo-92 de Sevilla que, aunque deficitaria, bien que nos tuvo entretenidos. Como el privatizar empresas públicas, muy socialdemócrata todo, para que después, ya lo avisaban algunos agoreros, acabáramos pagando más por servicios de peor calidad. Aquí hay que reseñar que, no sé si será casualidad, los altos cargos que privatizan acaban entrando en consejos de administración de las mismas u otras empresas en los que no tienen funciones reales aunque sí emolumentos bien tangibles, será casualidad, como digo, será la conocida envidia nacional que me embarga, todo el mundo tiene derecho a progresar. Como entrar en la OTAN, una organización de guerra a fin de

cuentas, dejando parte del terreno patrio supeditado a los yanquis
para facilitarles la perpetración de sus conflictos económicos, y todo
después de haber prometido lo contrario. Como organizar una banda
contraterrorista, que para colmo fue una chapuza; peligrosa esta
mezcla de perversidad e incompetencia, ¿no creen? Felipe fue
abogado defensor del Ministro del interior y el Jefe de la seguridad y
acabó yendo a despedirles a la cárcel, no recuerdo si se puso su
famosa chaqueta de pana para la ocasión. En años sucesivos se
esquilmaron los fondos reservados hasta agotarlos completamente,
afortunadamente no había que dar cuenta de ellos al ser reservados,
en pagos a las esposas de dos policías reos. ¿A cambio de qué sería,
qué tendrían éstas que callar? Qué curioso. Muy socialdemócrata
todo.

Al final la crisis y el brutal desempleo acabaron con quién parecía
invencible. Pero todo esto no es más que un resumen; antes, Felipe
hablaba y volvía a ganar hasta lo inaudito, por ejemplo utilizando en
la última contienda electoral victoriosa la figura del juez Garzón para
después no darle ninguna función real de gobierno a realizar. Así era
Felipe, explicaba cómo lo negro era blanco y la realidad de la
victoria volvía por sus fueros. Era el mejor o, como diría un
sevillano como él, *lo mehó der mundo.*

Mi amigo "Ánsar"

Desde luego que Aznar también ha roto moldes, menudo plantel
llevamos. Este es el efecto rebote de la política española, pasar del

persuasivo González al adusto Aznar, de la sartén al fuego. Vamos con el introductor del pádel en este país.

Tenemos que empezar, para realizar la remembranza de su semblanza, por aquello que primero nos viene a la cabeza. José María es un hombre de talla pequeña, pelo negro peinado a una muy antigua usanza, que gasta bigote (aunque no lo lleve), obsesionado con que el mundo comenzó con su advenimiento y con que se malogrará si él no toma cartas en el asunto, es decir, lo que viene siendo a lo largo de la historia un peligro público. También hay que destacar su manifiesta incapacidad para reírse, algo que cuando intenta, acaba por convertirse en una mueca y unos alaridos… pero el amable lector va a permitirme no recordar este aspecto. Entre los logros de su regencia hay que destacar, como no, la guerra de Irak.

Primero, los norteamericanos deciden por vaya usted a saber qué peregrina idea que el presidente dictador al que llevan décadas financiando ya no les cae bien, así que deciden invadir ese petrolero país. Y para legitimar su acción nada mejor que inventarse aquello de que Irak poseía <armas de destrucción masiva>, un peligro para la paz mundial, claro, de ahí esta guerra, e involucrar a cuantos más países mejor. Era la ocasión, ahí que se lanzó de cabeza mi amigo Ánsar, era la proyección internacional que anhelaba, rápidamente movió sus contactos y consiguió hacerse una foto en las islas Azores como integrante del eje del bien, esto es, el laborista Toni Blair, el cowboy George Bush y el pucelano recortado. No hay que quitarle mérito al amigo, consiguió su foto y unas cuantas más que deslumbraban al hombrecillo, aunque curiosamente el papel de España en la invasión no dejó de ser meramente testimonial, no podía ser de otra manera por lo reducido de nuestras Fuerzas Armadas. Países como Alemania contribuyeron al estropicio mucho más sin tanto protagonismo. La sección de Argumentario del partido tardó, pero al final elaboró la consigna que todos habían de repetir, maquillando la verdad que consistía en que estuvimos en guerra con un ligero apoyo logístico por, "España ha estado allí como apoyo humanitario".

Hubo algunas voces que se oponían a la acción bélica, por ejemplo los inspectores de la ONU encargados de supervisar precisamente la existencia o no de ese tipo de armas que mantenían que no, que no existían, qué ignorantes. También se opusieron millones de personas en todo el mundo. Y ya a nivel patrio todos los partidos del arco parlamentario, cientos de asociaciones de todo pelaje ideológico, la Iglesia, incluyendo su cede central, el Vaticano; incluso hubo algunas voces peperas que se lanzaron a decir también NO A LA GUERRA, lo que nos hace inferir que serían algunas más las que estaban en desacuerdo con el sinsentido, pero que, claro, callaron para seguir mamando de la teta política.

Al final se consumó la invasión, con sus bajas civiles, ahora se llaman "daños colaterales", se encontró que no se encontraban armas, quién lo iba a decir. Los dos anglosajones pidieron perdón tiempo después, que es una manera muy cristiana de hacer uno lo que le sale de las narices siempre, pero no así nuestro amigo Josemari, lo que da cuenta de la testarudez del personaje. Sí que se cumplió algo que él vaticinara, cuando prometía que fantásticos negocios se abrirían tras la acción bélica, y es que sus posteriores conferencias en universidades yanquis afines a los Bush, en las que disertaba en un inglés macarrónico sobre el supuesto enfrentamiento de siglos entre oriente y occidente, fueron recompensadas con cifras astronómicas.

Con todo, la siguiente victoria electoral estaba cantada, el tiempo lo cura todo, en democracia se ha de elegir al menos malo teniendo en cuenta toda una acción de gobierno, qué importan unos cuantos miles de muertos, la materia más frágil del universo es la memoria del votante español; pero hete aquí que acaece un gran atentado terrorista en Madrid reivindicado por terroristas islámicos en represalia por la invasión de Irak y con pruebas encontradas, con toda la intención de suponer un vuelco electoral. Rápidamente la máquina pepera se pone en marcha, Aznar escribe a embajadores repartidos por el mundo y a directores de periódico españoles con una consigna clara, ha sido la ETA. Los voceros del partido se afanan en numerosas ruedas de prensa, todas las líneas de investigación conducen a ETA, el culpable es el terrorismo vasco. Pero a pocas horas de la consulta electoral, mensajes del hoy anticuado SMS de móvil, como un reguero de pólvora advierten de que el gobierno está mintiendo. Rajoy, el entonces tocado por el dedo de Aznar, se da el batacazo. ¿Ha pedido perdón por estos hechos el Pepé? Espere usted sentado.

Hay que destacar las inmatriculaciones de la Iglesia gracias a una ley aznariana, es decir, la Iglesia puso a su nombre a unos precios ridículos, apenas unos treinta euros, treinta monedas, catedrales, iglesias, cementerios, edificios, inmuebles que pertenecían al estado o a particulares pasaron a sus manos con la única notaría del que firmaba, que daba fe de que aquello era suyo.

Aznar también liberalizó el suelo, lo cual consiguió, gracias por ejemplo a muchos británicos que decidían establecer su residencia en un país cercano, seguro, barato y soleado, que el dinero entrara a raudales en las arcas públicas y el paro, enfermedad endémica del país, se redujera considerablemente. Encima le sonrió la suerte porque la burbuja le explotó al siguiente gobierno, lo cual deja el argumentario siempre en alto, "conmigo, hay trabajo y riqueza, con los otros, paro y miseria", una verdad sesgada y al fin falsaria, pero ya se sabe, no hay que dejar que la verdad estropee una buena acción de gobierno.

Fue la crisis más brutal de que tenemos recuerdo, ruina y secuelas para millones de personas, pero tenemos que pensar que aunque no hubiera caído *Lehmann Brother's,* aunque no se hubiera descubierto lo absurdo de las hipotecas basura norteamericanas, el hecho de fiar todo el crecimiento de la economía a un solo sector, y que éste sea el inmobiliario, no parece muy acertado por cuanto el suelo, el espacio disponible no es ilimitado, por tanto eso que llaman el crecimiento de la economía tampoco puede serlo, aunque curiosamente estos gurús económicos simplemente pensaban que el precio de la vivienda podría seguir creciendo siempre, sin más, usted se hipoteca para poder pagarlo, para eso están los bancos, y ya está.

Zapatitos

Zapatero llegó aupado por los SMS, por el atentado, por el márquetin de las siglas ZP, Zapatero Presidente, por un vídeo en el que varios artistas, antaño los hubiéramos llamado intelectuales,

daban su apoyo enarcando un dedo emulando las cejas del líder, otra
feliz idea de márquetin que a algún asesor se le ocurriría, por las
mentiras del gobierno anterior, por la siempre recurrente y
socialdemócrata llamada al voto útil, esto es, vótame aunque no te
guste que si no estás votando al coco, al malo; a esto lo llamo yo
apelar a la inteligencia del ciudadano.

Zapatero era un señor que íntimamente admiraba a Felipe, espejo
de cualquier socialista, al que intentaba imitar sin éxito; cómo le
dolería que más adelante Felipe repudiara al hijo pródigo. Zetapé era
un señor pedante, de esos a los que no se le imaginan infancia ni
juventud, como a Cristo, que nació siendo ya un señor mayor, que no
lo invitarías a tu fiesta. Siempre ocupado del gesto, de la voz, de las
pausas dramáticas en el discurso, de convertir en un discurso
cualquier aparición en los medios. Todo esto más el márquetin de
campaña que antes hemos nombrado se le daba muy bien, la pena es
que poco más hizo en positivo. Al menos el de antes, el adusto,
como diría un ajedrecista, tenía un plan, perverso, pero plan.

Bueno venga, vamos a nombrar cosas buenas que hizo. Una, la
ley de dependencia, ya era hora de que se reconociera
económicamente, y de que se reconociera, a las personas que cuidan
de sus seres queridos o de terceros en el domicilio. Parece un tema
importante en un país, en un mundo occidental que envejece a pasos
agigantados. Pero claro, después de las leyes o buenas intenciones
hay que poner la pasta y lo que hizo fue endilgarles la patata caliente
a las Comunidades Autónomas; y después su sucesor les retiró el
presupuesto, eso sí, sin quitar la ley en sí, que eso estaría feo.

Otra, el matrimonio entre personas del mismo sexo. Sí, señor
lector, los tiempos cambian, asúmalo.

Otra cosita positiva, eliminar la publicidad, o casi, de la televisión
pública estatal. Hombre, ya era hora, esto ya se estilaba en Europa,
ya está bien del repago, que además la publicidad es una de las
mayores pestes de nuestros días, pegajosa, chillona, condicionante
hacia la adicción y el derroche.

Poco más, al menos yo no recuerdo. Después le llegó la Crisis
como un torrente insoportable, que le hizo encumbrarse en la figura
de pollo sin cabeza, crisis que intentó apaciguar con numerosas crisis
de gobierno, esto es, cambiar los ministros por otros, aunque a veces
sólo cambiaba a los mismos de cartera, dejando así siempre a los
más afines; esto es muy normal en política, no colocar en puestos de
responsabilidad, o *résponsabilidad*, como diría él, a los más capaces,
sino a los que menos te discuten. Esto de las crisis de gobierno viene
muy bien para la prensa, para el espectáculo, pero poco más.

Emepuntorajoy

Y siguen bastos. Mariano era ese señor entrañable que no sabe
dónde ha puesto las gafas, dónde ha aparcado el coche, dónde tiene
la mano derecha. El abuelo que algunas familias tienen más bien
guardado en casa, no se vaya a perder por ahí o a mear en el rellano
del bloque. De hecho durante los dos primeros años de mandato el
partido lo tuvo escondido, sin comparecencias públicas más allá de
algunas no presenciales ofrecidas en pantalla de plasma. No se
fiaban del posible ridículo, hasta que descubrieron la que supongo

que es la única finalidad de este libro, es decir, el público lo aguanta todo, el votante es estúpido a fin de cuentas, o sea, del mismo nivel intelectual de Rajoy, el ciudadano se traga lo que sea, la masa piensa lo que queramos que piense. Y así lo mantuvieron, como un moderno Cid Cabreador, ganando batallas después de lerdo. Total, que es muy respetable ser un sandio, de hecho el autor de estas páginas no es precisamente una eminencia, el problema surge cuando a alguien así lo hacen presidente del gobierno. Qué nivel de degradación y esperpento habrá alcanzado una sociedad para que se llegue a una situación tal.

Marianico (hablamos de sus años mozos) consiguió ser el registrador de la propiedad más joven de España; ha llovido mucho, pero no me negará el espabilado lector que el perfil del personaje chirría al ser encajado en semejante proeza, el más joven de España en una carrera y posterior oposición que cuentan los entendidos (no yo, que la que tengo es la carrera del Zepelín) que no es moco de pavo. Sus tres hermanos consiguieron éxitos similares, dos registradores y un notario, de forma tan brillante y precoz; de casta le viene al galgo, como ya publicó él mismo en su día "todos no tenemos los mismos derechos, no somos iguales y, además, la cuna tiene mucho que ver con ello. A saber, los hijos de buena estirpe superan a los demás, algo confirmado por la ciencia", fin de la cita. Pero hay un detalle paralelo (para lelo) a la par que sospechoso. Por aquella época el papá de Rajoy era el Presidente de la Audiencia Provincial de Pontevedra, y tenía sobre el estrado el robo de cuatro mil toneladas de aceite. Uno de los implicados era el hermano del dictador, que se negó a ir al juicio por enfermedad, aunque se paseaba por las revistas del corazón luciendo palmito; los principales testigos, muertos en extrañas circunstancias, causa sobreseída, posterior documentación que arde en un incendio, y todo ante la pasividad de Rajoy padre. ¿Le suena?, pasividad presidencial, carreras regaladas, judicatura unida al poder, favores entre castas… Sí, ha llovido, pero parece la misma meada sobre el mismo estiércol.

Rajoy, ese señor del que me habla, por su naturaleza es el perfecto títere, el que deja que manden los que, según los *conspiranoicos*, verdaderamente mandan entre bastidores, a lo que sin duda ayuda su impenitente manía de no hacer nada con los problemas, de dejar que se pudran. Elegido digitalmente por Aznar, bajo su mandato se privatizó más que bajo el de su mentor, se mantuvo una ley hipotecaria y de ejecución hipotecaria multada por la Comisión Europea y denostada por la ONU que, se descubrió al reventar la burbuja, atentaba contra los derechos humanos y excluía la dación en pago para así endosar a familias deudas perpetuas, se instituyó una policía política para espiar y condicionar a los rivales, se creó el Impuesto al Sol, una imposición absurda de las compañías eléctricas que restringía el cuidado al medio ambiente, mantuvo cara la factura eléctrica para particulares y empresas y llevó a la ruina a miles de familias que previamente habían invertido en huertos solares. Se descubrieron antiguos casos de corrupción de su partido y se crearon otros nuevos hasta un nivel intolerable, y recordemos siempre que sólo se descubre la punta del iceberg. Eligió, o le eligieron, a un traficante de armas como ministro de defensa, con las connotaciones éticas y de incompatibilidad que eso suponía. Se mantuvo el Voto Rogado, creado anteriormente por los socialistas para, de facto, impedir el voto de los emigrantes españoles, algo anti constitucional, como tantas otras leyes redactadas por PPSOE. Se descubrió que él mismo había cobrado sobresueldos en B, algo ilegal, que no pagaba impuestos, que perjudicaba al resto de empresarios que intentaban acudir a los concursos públicos limpiamente. Jamás asumió su responsabilidad por esto, ni nadie se la hizo asumir, me refiero a la política y a la penal. Como se vio también con el asunto de Felipe y los GAL, en España existe un techo de cristal, <a presidencia no se llega, el presidente no se toca>. Se creó una Ley Mordaza que, por ejemplo, dejaba en manos de policías en caliente la potestad de multar a manifestantes sin intervención judicial. Se utilizó a la policía para destruir pruebas que incriminaban al partido. Para qué seguir.

El separatismo catalán ha encontrado un aliado fiel en Mariano, y no sólo por su acostumbrada pasividad. Zapatitos ofrece renegociar los Estatutos de Autonomía de las Comunidades Autónomas, algo que casi nadie sabe ni que existe ni a nadie importa un carajo, que no da de comer, pero que rápidamente movió a la masa en torno a la bandera de su terruño, otra campaña de márquetin socialista. El Pepé saca mesas a la calle para recoger firmas en contra del estatuto catalán y lo denuncia ante el Tribunal Constitucional, brillantes maniobras que lo han hecho casi desaparecer del panorama político tras las elecciones allí celebradas. El Tribunal Constitucional da la razón a los peperos y anula un estatuto que se diferenciaba ¡en tres palabras! del andaluz, esto es separación de poderes a la española. Crecimiento en pocos años del porcentaje de separatistas, de un quince por ciento en sus mejores momentos durante décadas, a rozar el cincuenta por ciento. Para ser un partido de derechas, a los que parece importar tanto la integridad de la patria, vaya cúmulo de cagadas.

Rajoy, en su primer Consejo de Ministros, nombró a Luis de Guindos como ministro de economía, con un currículum en el que despuntaba que había sido miembro del consejo asesor de Lehman Brothers para Europa y director en España y Portugal hasta su quiebra en 2008. Entonces, nos preguntamos en este libro, ¿por qué premiar a alguien con un nombramiento tal cuando viene de ser copartícipe del hundimiento de una empresa? ¿Por qué nombrar a alguien que, en su ramo, la economía, ha sido cómplice de una empresa que ha sido una de las causantes de una crisis sin precedentes que ha llevado a la ruina a millones de personas? Bien, esto es lo que se llaman preguntas retóricas, pero yo las voy a responder, por si alguien se ha perdido. Había que gestionar la devolución de lo perdido, el resarcimiento para bancos y empresas financieras de esta calaña, sisándonos un poquito a cada ciudadano.

Al final a Emepunto lo desalojó una moción de censura debida a una alianza entre populistas de izquierdas, golpistas catalanes, terroristas vascos; al menos este fue el lamento elaborado por su sección de argumentario. En realidad se negaron a admitir que la moción no pretendía encumbrar a Sánchez, pretendía evacuar a Rajoy.

Rajoy, un personaje de quién hasta los suyos parecían desconfiar pero que al final, a lo tonto, a lo tonto… parecía tonto.

Pedro o el Ave Fénix

Casi a la hora de la edición de este libro el esbelto Pedro sigue en el poder así que es pronto para evaluaciones, pero es cierto que me estropea la redondez de mi frase "En España cada presidente ha hecho bueno al anterior". Desde el mentiroso pero astuto González hasta el gagá Rajoy la progresión decadente se mantenía, pero Sánchez resurgió como Secretario General teniendo a todo el aparato del partido en contra, incluidos expresidentes y barones territoriales; además su discurso es algo coherente, me refiero a que al hablar parece más o menos una persona normal.

De su hasta ahora breve gestión ha hecho algo muy socialista español, esto es, olvidarse de lo que prometió: derogar ley mordaza, publicar la lista de evasores fiscales amnistiados, desenterrar a Franco, bajar la factura de la luz, bajar los alquileres, cumplir lo pactado con Podemos (algo que ya es tradición, siempre hacían lo propio con IU). No tiene importancia, la máxima es que el votante lo olvida todo, ya tendremos tiempo de entretenerlo con algo.

La actual táctica de la oposición de derechas de acosar de forma soez por tierra, mar y aire augura a este pájaro un vuelo corto.

Veremos.

El rey en su mundo

Como aquel rey que conociera El Principito, que reinaba en un minúsculo planeta en el que no había nadie, tenemos que convenir en que la figura de nuestro rey es completamente inútil, improductiva, anacrónica, hereditaria, cara (o al menos de mala relación calidad-

precio). Yo no sé si soy republicano pero esto del "papel moderador
de la monarquía" que me expliquen cómo alimenta. Además, la
figura del rey es gracias a la Constitución jurídicamente inviolable,
algo que escapa a toda lógica, aunque hay que reconocer que este
libro no relata hechos lógicos precisamente.

En los últimos tiempos tenemos noticia de que *Juancarlitros*, el
primero, el del pedigrí consanguíneo, ha estado cobrando comisiones
ilegales, cobrando por colocar publicidad en un yate Fortuna que no
era de su propiedad sino de todos los españoles, pagando el silencio
de todas las damas (y damiselas) que se ha estado pasando por la
piedra real todos estos años. Y para colmo, para lo poco que
trabajaba, grabó un discurso de navidad y cada año volvía a colocar
el mismo, una y otra vez.

Con su hijo lo que hemos hecho es cambiar un florero muy caro
por otro.

El Califa Rojo

Me permito aquí incluir a don Julio Anguita, un personaje que no
ha alcanzado el nivel de responsabilidad administrativa de sus
predecesores. Y lo hago debido a dos de las virtudes que adornan al
personaje: coherencia y aciertos.

Julio ascendió de la alcaldía de Córdoba, otrora insólito bastión
de los comunistas democráticos, de ahí a la Coordinación General de
IU en Andalucía y de ahí a la candidatura a presidente del gobierno.
Sus victorias municipales y serio discurso ilusionaban a sus
seguidores. El tiempo ha dado la razón a su figura y le da derecho a

figurar en este ensayo. Porque ha renunciado a la jugosa paga vitalicia a la que tiene derecho por haber sido diputado "yo he sido maestro de escuela y tengo mi pensión, ¿por qué cobrar otra paga?", ha alegado en defensa de su inocencia. Esto es coherencia. Porque sus vaticinios sobre la Unión Europea, en los que afirmaba que la convergencia monetaria pero no financiera ni fiscal significaba crear un gigante con los pies de barro, se han demostrado ciertos; o sobre el sistema financiero español y su desregulación, entre otros. Esto es mirar al futuro, política de estado. Esto es acierto.

Pero Anguita era un peligro para los beneficios de esos que toman decisiones en la penumbra, había que acabar con él, y qué mejor manera que, aparte del torrente de improperios de sus rivales, usar los medios, sobre todo la televisión. Se le vilipendió, se le vapuleó, con tanta intensidad como verdad atesoraba su discurso, no era un rival al uso, era quién ponía al PSOE frente a un espejo y al PP quitaba la careta. Fue ridiculizado como un iluminado; un loco que pretendía hablar de ética en política.

Lo que más daño hizo a IU fue la pinza, aún le quedan secuelas. La pinza fue un acuerdo entre Aznar y Anguita, entre PP e IU, para echar a Felipe González, hecho que afortunadamente fue denunciado y proclamado repetidamente por todos los voceros del reino para que finalmente se relegara a los comunistas de nuevo a su papel de comparsas, no así al Pepé al que sus votantes le perdonan todo. Como tanto afirma este libro, los socialistas españoles han sido maestros en márquetin, en propaganda, desde que comenzaran el asalto a la UCD, el éxito de esta maniobra fue demoledor y aún se dejan sentir sus secuelas. Sólo un detalle, el número de propuestas votadas conjuntamente en aquella legislatura fue mucho mayor entre PSOE- PP que entre PP-IU, es decir, la pinza nunca existió. Pero sí existió, y existe aún en el imaginario colectivo, es decir, si preguntamos, en la actualidad aún hay muchísima gente, muchísimo votante socialista, mucho tertuliano que recuerda la pinza, la confirma y la censura todavía a los comunistas. Repito, los socialistas fueron los reyes del márquetin y la propaganda, construyeron una verdad haciendo bueno a *Goebbels*; piensen que la derecha sólo fue capaz de alcanzar el poder cuando se adaptaron a este tipo de jueguecitos democráticos. Si unos y otros dedicasen esa creatividad, esa energía, a hacer algo positivo…

Dos Los partidos, las fiestas

En inglés, un idioma que llevo toda la vida aprendiendo, la palabra *party* se traduce como partido (político), pero también como fiesta. ¿Tendrán un origen etimológico común las dos acepciones? Podría ser porque en España los partidos son verdaderos espectáculos.

Imagine, qué sueño hecho realidad, formar parte de una organización jugosamente subvencionada por el estado, más lo que se pueda afanar, en la que apenas se trabaja, no se produce nada, sólo el sudor de las intrigas palaciegas para trepar es un acicate para el esfuerzo de los cortesanos. En la Transición, ahora lo estamos descubriendo, se hizo lo que se pudo. No les culpo, la música militar puede llegar a ser muy molesta. En la Constitución se consagró que partidos políticos y sindicatos se financiarían principalmente por el estado en base a sus resultados electorales. Esto, digo yo, ha de ser algo positivo que favorezca la pluralidad de ideas y fortalezca la democracia. ¿Adónde hemos llegado?

Un tema curioso a reseñar en España es aquello de la <disciplina de partido>, que significa que todos y cada uno de los señores parlamentarios adscritos a un mismo partido votarán lo mismo, como un solo hombre, en todas (con poquísimas excepciones) las votaciones de iniciativas legislativas y demás que Congreso y Senado celebren. Esto ataca al más elemental sentido común, para qué establecer un parlamento dónde se ha de parlamentar, escuchar y deliberar, si no hay nada que deliberar, ya me hacen el trabajo desde el partido. Así que habrá que buscar por algún otro lado las razones por las cuales sus señorías resisten tamaño ignominia de no dejarles tener opinión y no dimiten, no se plantan, no se rebelan.

Quizá ayuden hechos como el de que se les requerían siete años de cotización para poder disfrutar de una renta vitalicia y compatible con más actividades pagadas y otras pensiones adicionales; curioso que a mí me requieren treintaicinco años de cotización, por ahora, y no compatibilización con otras pensiones u ocupaciones remuneradas. Se limaron un poco esos privilegios en 2011 (sin carácter retroactivo, ja), pero no se me negará que es peculiar que sean las Cámaras las que elaboren el sistema de retribuciones, es decir, un trabajador que decide cuál es su sueldo.

PSOE Altísimo nivel de corrupción que afortunadamente lavan una y otra vez las elecciones. Mentira institucionalizada. Se niegan hasta la fecha a retirar de sus siglas las palabras Socialista y Obrero. Entrenan con *coachs* para que al cantar La Internacional no se les escape la risa. Nivel de márquetin, hasta hace poco perfecto, de ahí aprendió la democracia cristiana española. El todopoderoso grupo PRISA los catapultó en los años en que todo era miel y hojuelas pero, aunque parecía imposible, todo tiene un final. Nivel de incompetencia en la gobernación alto, rozando la excelencia.

PP El partido con más afiliados de España; bien, sólo les falta el detalle de dejar de contar a los que se borran. Nivel de corrupción, imposible. Justificación que esgrime su votante "yo quiero ser como ellos". Maquinaria de partido gigantesca que consiguió superar al Soe en aquello de meter sus tentáculos en todos los ámbitos del poder, judicial, financiero, medios de comunicación. Un partido que endilga a otros el adjetivo populista como una tacha, que gestiona favoreciendo a los que más tienen y se llama a sí mismo popular, ¿hay algo más <populista> que eso?

C's La aparición de Ciudadanos siempre ha de considerarse como interesante en un país en el que dos partidos como dos gigantescas maquinarias se repartían durante décadas todo el pastel de poder y dinero, una alternancia barra componenda que significaba un acuerdo tácito, algo que ya se parecía demasiado a un régimen tipo soviet y demás, o al contubernio yanqui. Me parece positivo que su nivel de corrupción es inferior al de sus dos hermanos mayores de Pepé y Soe; esto es fácil, aunque hubieran querido, no han tenido tiempo para robar tanto.

Pero yo a Ceese le veo un lunar, aparte de otros muchos que les espeten sus rivales, y es que por encima de su discurso apasionado y torrencial en contra de la vieja política y de la corrupción institucionalizada, si nos fijamos, su ley fundacional, su primera e intocable norma de conducta, aunque no proclamada explícitamente, es la de no pactar jamás con Podemos. Se podría entender que sus ideologías son irreconciliables, claro, pero apartar a Podemos como apestados mientras se intenta pactar y aupar al poder a PPSOE escapa a la lógica por cuanto Podemos, rompo la misma lanza que por ellos, no ha tenido tiempo material de robar en la misma cuantía en la que lo que lo ha hecho Pepesoe, por lo tanto sus pecados, por graves que sean, no pueden serlo tanto como los del bipartidismo. Y como partidos nuevos sí que tienen algunas propuestas similares. Además, el estar mucho más cerca de los dos grandes es una contradicción a su propio, constante y ardiente discurso. Es como si yo me negara a trabajar con alguien por su raza, o aspecto físico, u opiniones, o atuendo, que sí, que pueden ser distancias enormes para mis creencias, pero sí lo hiciera con quién lleva años agrediéndome, y robándome reiteradamente, alguien a quien yo mismo denuesto con pasión y frecuencia.

Se comprende ahora aquella frase que lanzara el presidente del Banco Sabadell cuando dijo "tenemos que crear una especie de Podemos de derechas"; parece que al final lo hicieron, aunque fuera rescatando a un partido de ámbito sólo catalán. Y añadió "el Podemos que tenemos nos asusta un poco". Visto lo visto, y lo que queda por ver, me alegro de que algo asuste a esta canalla.

Podemos, IU y confluencias varias También Podemos significó un soplo de aire fresco, por su discurso y por sus hechos. Congregó al viejo votante de IU y le sumo a mucho del Soe, harto ya de que su primera norma de identidad fuera el conformismo, el fatalismo, el sentirse engañado una y otra vez.

Sus proyectos de ley para rebajar sueldos y privilegios de Diputados y Altos Cargos, rechazados por el resto de grupos pero llevados a cabo por sus propios diputados de forma autoimpuesta, parecen en consonancia con la idea de regenerar la política.

Sus fallas, que al cierre de la edición de este libro le hacen desinflarse, son su financiación por parte de Venezuela e Irán (algo desmentido por, creo que ya van catorce jueces en catorce autos, o más bien catorce archivos, pero qué más da, que una verdad no estropee un buen titular ni un buen argumentario) y la inveterada manía de la izquierda española de disgregarse, resquebrajarse, reñirse, auto asignarse el mando unos y otros, y otros más (ya lo decía mi abuela).

Nacionalistas Favorecidos por un reparto de escaños inversamente proporcional a la equidad, gracias a un intento de la Transición de contentar a la bestia del secesionismo, llevan décadas trapicheando con el gobierno de turno, sacándoles más dinero para su Comunidad a cambio de su apoyo parlamentario, con la paradoja de que se presentan a elecciones de ámbito nacional, donde se pretende llegar a un parlamento estatal para gobernar el estado, siendo nacionalistas; es decir, y es duro decirlo, se presentan sólo para chantajear.

En los últimos tiempos, aupados por el Pepé como expliqué antes, los nacionalistas catalanes han dado un paso más, en este caso hacia el esperpento. Piden un nuevo país ya, sin más medias tintas de esas a las que nos tenían acostumbrados los Jordi Pujol y compañía en la que sus discursos, plagados de las palabras nación, catalanismo, país, identidad, diferencia, acababan siempre con un porcentaje. Utilizan las banderas para lo que se han utilizado siempre, esto es, para moverlas y aturdir al bicho o para darle con el mástil en la cabeza. Los principales instigadores de este intento de ruptura son los que han estado durante lustros robando con ahínco, con perseverancia, con hambre de nuevo rico, hambre de siglos.

Vox ha aprendido al fin la lección de la democracia, esto es, maquillar las verdaderas intenciones. Aunque sus postulados parezcan un poquito radicales, no los escuchará usted decir abiertamente que las mujeres son inferiores, que los negros nacieron para servir, que el mensaje de Cristo hay que imponerlo ya que es lo mejor. Bienvenidos al márquetin político, atrás quedaron esas inconformistas pero torpes Falanges de diversos y medios pelos que concurrían a las elecciones una y otra vez para estrellarse, para ser los parientes pobres del PP. Bienvenidos a la fiesta.

Tres ¡Extra, extra!, el poder cuarto

No sería entendible un análisis de la política sin darles un repaso a los medios de comunicación. El periodismo, entendido como tal, ha de tener necesariamente, como cualquier profesión o disciplina, un código de conducta, una moral que le sea propia y se proyecte hacia el público. Y entre estos valores podríamos destacar la veracidad en la información, claro, y la diferenciación entre información y opinión. En los últimos tiempos habría que añadir también que la dura pugna que supone internet, por cuanto a su capacidad para divulgar información de forma masiva y cuasi gratuita ha de obligar a los medios a hacer entender al público la diferencia entre una noticia falsa y otra veraz, así como a discernir entre un producto ofrecido por un profesional o medio competente, experimentado, capacitado, y una comunicación que, muchas de las veces, no pasa de ser una charla de ojo de patio eso sí, de un patio de tamaño descomunal cuyo número de vecinos puede llegar a alcanzar una cantidad bíblica.

Y ya puestos a exponer obviedades, digamos por último que una característica de estos tiempos es la avalancha de noticias, algo que en sí mismo ya es un inconveniente para el ciudadano y su democrático derecho a la información porque la sobredosis que recibe, tanto de prensa como de la red, contribuye a cansarlo, a adormecerlo, a que le cueste discernir la verdad del infundio, a condicionarlo; total, paradójicamente, a desinformarlo. Obviedades, como digo, y casi papel mojado, porque ni internet va a disminuir o desaparecer un año de éstos ni el torrente de información tiene pensado menguar, muy al contrario.

Pasemos ya, tras la breve exposición de motivos, a analizar de verdad el papel de periodistas y medios en este mundo de los dimes y diretes.

El periodismo ha sido el necesario lubricante para engrasar constantemente la máquina de los partidos, para lubrificar sin descanso el engranaje de fabricar verdades, para permitir a este humilde redactor la elaboración de jugosas metáforas en las que el ciudadano toma y el poder ungido da.

Claro, vista la exposición inicial, podríamos elaborar una verdad en la que unos medios de, en teoría diferentes ideologías-líneas editoriales ofrecen información para que sepamos qué pasa en el mundo y nosotros elijamos si estar informados o no, cuándo estar informados, con qué medios estar informados y contrastemos entre varios de ellos para entresacar la verdad, nuestra verdad. Todo en un mundo ideal.

Pero el mundo no es ideal. La realidad ya no es lo que era. Vamos a desmentir todo y un poco más.

Primero tenemos que poner en duda la diferencia entre ideologías de la prensa cuando hoy en día unas pocas manos se apoderan de la casi totalidad de periódicos, cadenas de radio, televisiones, editoriales, plataformas audiovisuales. ¿Realmente piensa usted que cuando escogemos, escogemos?

Después está el asunto del qué. Digamos que en cierto país hay una tasa de criminalidad equis, y los medios se dedican a bombardearnos con toda noticia que encontrarse pueda y más que sea relativa a eso que llaman <crónica de sucesos>. ¿No crecería la percepción del gran público sobre la delincuencia, la falta de seguridad, aunque ésta fuera más bien baja? ¿No serviría esto para reformar según qué leyes, a fin de cuentas más restrictivas sobre la libertad, o para aupar a los partidos que más incidan sobre estas problemáticas? No se trata más que de un ejemplo; real, por cierto. ¿No se ha preguntado usted nunca por qué el afán de los telediarios en decir que hace calor cuando hace calor, que hace frío cuando hace frío, ¡intercalando las impresiones de los testigos!, dedicándole un tiempo que deberían considerar precioso al ser el telediario un espacio de tiempo bastante limitado? Es una estratagema bastante fácil, cuando hablo de una cosa no hablo de otra, cuando dedico tiempo a lo banal, apenas penetro en lo importante. Y para colmo tienen la excusa de que sí que hablan de lo importante, "mire usted, ahí está el vídeo", que a fin de cuentas en la avalancha informativa hay de todo, pero cuando llega lo importante el espectador está cansado, o cambia de canal o pasa la página, o da más importancia a lo más visto.

Pero lo cierto es que en este país, España, se ha dedicado muchísimo más tiempo en preguntarle a señores por la calle o en la playa si tienen calor que en hablar de la inyección de dinero a la Banca, una entrega sin justificación real, que hicieron nuestros dirigentes sin nuestro permiso pero con nuestro dinero, y que seguirán pagando los nietos de esa gente que con una media sonrisa contesta a los gacetilleros que sí, que tengo frío si usted lo ordena, faltaría más.

Sí, me consta que no estoy descubriendo el Guadalquivir aquí, son viejos trucos del periodismo, sólo quiero dejar constancia de que el trampantojo ha crecido hasta límites insospechados. Piense el lector por ejemplo que el viejo timo de la estampita se sigue produciendo todavía en nuestros días, así somos.

El periodismo es también el colaborador necesario en la conformación de esos personajes, vaya usted a saber cómo son en realidad, que son los líderes políticos, a los que buscan incesantemente para recabar su "reacción" a según qué hechos, o dichos, o a las reacciones de otros personajes. Si no se les brindase ese constante protagonismo no serían nada. Personajes que han hecho de la política una forma de prosperar. Es decir, unas personas que cobran unos emolumentos, esto es lo único real, con una carrera de derecho que, ahora descubrimos, les regalan por pertenecer al partido (pensemos que como en tantos casos sólo se ha descubierto la punta del iceberg), que jamás ejercerán como abogados, ni trabajarán por cuenta ajena o propia tal como los mortales entendemos un trabajo, cuyo único sino es trepar en la infinidad de puestos que la Administración ofrece, que dedican todo su esfuerzo, todo su día a día en representar a un personaje, en lanzar las consignas que les elaboran desde el laboratorio de Argumentario del partido. Todo es falso, todo es mentira, nos encontramos ante una gigantesca comedia, nada existe, y si existiera, sería por el protagonismo que el periodismo le insufla, un actor sin público no sería nada.

Otro aspecto interesante es pensar en cómo semejantes petimetres han de servir de ejemplo a los jóvenes, ah, el valor del esfuerzo, no nos olvidemos que hablamos de quién se suponían había de ser la flor y nata de la sociedad, los más preparados, los de más experiencia habían de gobernarnos, son el espejo dónde mirarnos, su probidad nos debería hacer pagar los impuestos incluso con placer; claro, pero cuando hacen una Amnistía Fiscal para los amiguetes, para ellos mismos, a fin de cuentas, no olvidemos que son un solo poder, para que a quién defraudó se le regularice su situación con una palmadita en la espalda y un pago de tasas ínfimo, irrisorio (sí, irrisorio viene de risa, imagino a estos personajes riendo de mis mundanas tribulaciones económicas, sí, escribo desde el rencor, ¿pasa algo?), cuando los casos de corrupción son varios miles mientras vemos que los delitos les caducan antes que un yogur, quizá los administrados no albergan mucho afán de ser honrados, de contribuir a la cosa pública, quizá estos políticos no son reflejo de nuestra sociedad, como algunos analistas sostienen, quizá sea la sociedad la contagiada de tanta podredumbre.

Sí, me parece delictivo que el periodista galvanice con la pátina de honradez al delincuente.

El deporte rey, para los súbditos

Yo lo dejé. Como aquel ateo que, a diferencia del agnóstico, más allá de no creer en Dios parece estar peleado con Él, me confieso enfadado con el fútbol. Yo era de uno de los grandes, como todo hijo de vecino y, sin llegar a ser socio de ningún club, incluso viajé en alguna ocasión a una gran capital para ver una final, como un provinciano más, y seguía con fruición en la tele el partido del domingo y el de la *Champions*. Total, en la media.

No es que me arrepienta, era uno de mis entretenimientos y no parecía costarme dinero, sí algo de mi tiempo. Pero paulatinamente empecé a sufrir una transformación; supongo que al ver a conocidos míos disfrutando de la retrasmisión radiada del entrenamiento del equipo de segunda B de su pueblo, o quizá al conocer que los estadios de fútbol los sufragan los ayuntamientos, o sea, los pagamos todos, nos guste el fútbol o no, eso sí, siempre bajo la excusa de que esto a la larga supone riqueza para todos (¡ja!, que me devuelvan mi parte), o puede que, ya metidos en la crisis que a tantos nos afectó, descubriera que a los clubes de fútbol, junto a bancos, Administraciones y partidos políticos se les condonan las deudas o simplemente se alarga el compromiso de su pago hasta el infinito, lo que viene a ser lo mismo, incluso legislando para ello. Creo que el ver últimamente a Ronaldo salir convicto (pero libre), confeso y aplaudido por la chusma ayuda también.

En cualquier caso ejerzo mi derecho al pataleo por sentirme engañado, distraído, toreado, timado, permítaseme esta pequeña licencia de mosqueo que bien podría ser la línea cardinal de estas accesorias líneas.

La tertulia política

Ah, la tertulia, el fin de todos los caminos, la ilusión de cualquiera, yo de mayor quiero ser tertuliano. Es absolutamente perfecto, cómodamente sentado, despotricar sobre lo ajeno, con el gustito que da, y encima que te paguen.

Los tertulianos son la perfección hecha ser humano, son insignes, brillantes, sus verborreas se dirían libros hablados, orientan al rebaño, alimentan el intelecto. Pero esto requiere cierta habilidad, condicionar a la gente, observar la línea editorial de quién te paga, esto es de primero de tertulia, no mear donde bebes, no es el primer analista mandado al ostracismo por un comentario torpe. Después, qué putada, expulsado del edén, y sin ese cómodo estipendio. Hay que articular circunloquios prolijos que se relacionen con los propios, ensamblados en mil tertulias anteriores, y más lateralmente a las de tus contertulios, creando realidad, conformando opinión, halagando el intelecto y el ideario del escuchante, para al final, alcanzar siempre las mismas conclusiones, esto es, tenemos la posibilidad de elegir, la Tierra es redonda, los poderes ejecutivo, legislativo, judicial y financiero son cuatro, en verano hace calor (o lo que usted ordene, faltaría más).

Los Maledicentes

Hay un tema que fastidia especialmente a este humilde redactor y espero que a cualquiera que mínimamente trabaje con palabras o las utilice con afán recreativo. Me refiero a lo incorrectamente que se expresan muchísimos periodistas de radio y televisión (no observo estos deslices tan acusadamente en la prensa escrita pero esto no ha de deberse necesariamente a la inmediatez que urge al periodista de radio y televisión en directo, vista la pertinaz reincidencia). El asunto es más sangrante por cuanto estos profesionales, junto con escritores, pedagogos de toda rama y en general cualquier persona que use el lenguaje para su profesión y lo proyecte a los demás, no sólo ha de tener una capacitación previa que le habilite, también tienen una responsabilidad al llegar a la masa y condicionarla, más cuando la televisión ha llegado a ser la casi única forma de educación de que gozan los más gruesos estratos de la sociedad. Encuentro dos razones para que esto ocurra: no hay en las cadenas un corrector de estilo como antaño y, en verdad, les importa el contenido, por vacuo que aparente ser, y no el continente.

No me negará el sabio lector, si apenas es aficionado al raro vicio de la lectura, que chirrían los oídos cuando uno escucha al periodista la repetitiva acumulación de metáforas, que no son más que un intercambio con los líderes políticos de los que son vasos comunicantes. La metáfora es una pura manifestación de la literatura, consiste en atribuir el sentido de algo a otro algo, viva la ficción, ole la poesía, la hermosura, pero cuando se abusa de ella, como todo, se gasta: "poner palos en la rueda, empujar el carro del mismo lado, remar del mismo lado, seguir la hoja de ruta, el chocolate del loro" (máxima esta última que viene a decir que despojar a los parásitos de sus privilegios no aminoraría la ruina del estado), manoseadas frases destinadas a dar vida a un discurso político vacuo, sin sentido real. Lo mismo para las expresiones "poner en valor, vertebrar, cordón sanitario, granero de votos". El uso del tiempo verbal "habría", un condicional que vacían de contenido al no completar las frases, "el autor habría sido el ministro" por "si se confirman las sospechas parece que el autor ha sido el ministro". El uso de la conjunción "o" en vez de "y", "en este tema están de acuerdo Francia, Italia o Alemania", cuando lo que pretenden decir es "en este tema están de acuerdo países como Francia, Italia o Alemania", o sea, que son más. En estos dos asuntos del "habría" y la "o" se acusa un absurdo afán economicista. La consabida pretensión de endilgarle a la "meteorología" el pecado de que no se celebrase el partido del domingo, como si esta ciencia fuese culpable de los meteoros caídos, más allá de sus acostumbrados vaticinios. La invención de nuevas sobreesdrújulas, "cónsolidacion, résponsabilidad, éstabilidad (éstas son más propias de altos mandatarios, parece que la sobreesdrujulización insufla ínfulas).

El papel de las televisiones

Papel higiénico, podríamos llamarlo. Después de internet, de las plataformas que ofrecen numerosas de series de ficción, y visto que la lectura es una actividad que cansa bastante a la raza española, las familias aún continúan recibiendo la mayor parte de su aporte cultural de los canales de televisión, sólo así puede entenderse su complacencia para con el poder. Ahí disfrutan de histriónicos programas de talento (me niego a usar los anglicismos) pletóricos de luz y color, de música estridente, de enfocar a los padres de los niños prodigio como sistema de atracción del espectador por empatía.

Programas concurso de extravagantes formatos, programas de cotilleo en los que se despedaza concienzudamente la vida íntima de la gente, el morbo de la crónica de sucesos, *realities* que hacen vomitar al intelecto. Televisiones de Comunidades Autónomas que sirven de voceros políticos del partido de turno que gobierne, paja que los partidos reconocen en el ojo de la Comunidad Autónoma ajena, nunca en la propia. No sé mucho más, apenas veo la tele. Me viene a la mente el viejo lema de La Bola de Cristal: La televisión es nutritiva. Pero nutre con comida basura, todo se deglute, digiere y defeca (olvida) rápidamente.

Siempre se me puede espetar el consabido dicho de que no la encienda si no me gusta, pero he de reconocer que cuando lo hago, o miro otra pantalla ajena, me siento insultado, es como si me decidiese a tomar unos estudios (ya era hora) y me dijesen que tengo que empezar por la p con la a. Me parece también que los programadores de televisión son unas figuras excesivamente anónimas.

Sobre la pena de telediario

Una excepción para mí sobre el asunto anterior es el espectáculo de la pena de telediario. Es un término acuñado por La Tertulia creo, como tantos, influyendo o tratando de, como siempre, en la cultura colectiva. Se rebela La Tertulia contra esa condena pública que significa el hecho de proyectar a los cuatro vientos la imagen del político de turno detenido, a veces incluso esposado, en ocasiones, oh Dios, protegida su cabeza por la mano del guardia civil cuando entra en el coche que lo conducirá al juzgado o calabozo, y todo el espectáculo sin que exista condena en firme, cuando casos hay en los que el personaje acaba absuelto o le prescribe el delito. Qué injusticia, en ocasiones, contadas, eso sí, el andoba es obligado a dejar alguno de sus cargos de responsabilidad, significando todo un borrón en su imagen ya difícil de limpiar. Hombre, si lo pensamos bien, el pertenecer a un partido que lleva cuarenta años robando con ansia era ya una marca indeleble, si no al menos, un riesgo que sabías que corrías.

Yo me permito discrepar formalmente de esta discrepancia. Yo quiero pena de telediario, quiero paseíllo. Porque la mayoría de las veces es la única penalización que podemos mínimamente asestar a estos amigos de lo ajeno. En un país en que la justicia es lenta por encima de la media de los países lentos, dónde el poder ejecutivo se ha negado reiteradamente, curiosamente, a dotarla de medios, para que continúe así sumida en el primitivismo de despachos físicamente atiborrados de torres de mamotretos de papel, donde los delitos caducan antes que un yogur, los delincuentes de guante blanco son juzgados por los jueces que ellos mismos eligen; los mismos que se autoproclaman constitucionalistas (otro nuevo cuño de los nuevos tiempos) se pasan la Constitución, en materia de división de poderes, por el arco del triunfo. Porque a fin de cuentas formo parte del populacho, de la masa iletrada, y quiero pasar la tarde viendo con pública satisfacción cómo ruedan las cabezas en la plaza del pueblo mientras continúo con mi labor de ganchillo, puede que sea la única justicia que nos quede.

Publicidad institucional

Dícese de aquellas cuñas que los numerosos estratos de la Administración colocan en los medios de comunicación pagando jugosas cuantías (no te jode, si pagamos usted y yo) y de las que ambos se benefician: los medios se financian a gusto y las Administraciones tienen así un plus de propaganda electoral (los tales anuncios no dejan de ser eso) y poseen asimismo a unos periodistas que ya se retraerán a la hora de ser críticos con aquel que paga. Por cierto que la Banca también juega a esto.

Un buen ejemplo lo tenemos en los pueblos de España, en las comarcas cuyo nombre se han empeñado en inculcarnos los políticos de tercera para que nos aferremos al terruño con un nacionalismo de baja intensidad, olvidándonos así de otras cosas. Aquí los periodiquillos no pasan de ser el boletín oficial de los partidos, su supuesto carácter local no es excusa para la pobreza de información que ofrecen eso sí, infectados hasta el tuétano de anuncios muy bien pagados de cada pueblito, anuncios que, entre otras cosas por lo limitado de la difusión de estos panfletos, son tan inocuos como inicuos.

Cuatro A dios rogando, van enculando

Sí, la religión también es política y sexo. En el sexo los curas están absolutamente imbuidos, por ejemplo por el celibato y por sus continuas admoniciones sobre cómo hay que vivir la sexualidad. De por qué la religión es política, paso a explicarlo en las siguientes líneas.

Afortunadamente la religión en España dejó casi totalmente de ser parte del Estado y, por ende, de nuestras míseras vidas. Además, para pasar del nacionalcatolicismo, hoy en día la variedad de opciones es innumerable. Desde las cristianas no católicas, pasando por la religión de Mahoma, ahora con nuevos bríos gracias a la inmigración, las pintorescas sectas que te dejan el aura y la cuenta corriente como una patena consagrada, hasta las nuevas formas de trastornos alimentarios (sí, no olvide el inteligente lector que toda forma de penitencia autoimpuesta, de constricción de los deseos, de cilicio a fin de cuentas, no es ni más ni menos que una forma de religión, otra más). Ya los pocos que aún resisten la monótona lectura de los salmos y las aleccionadoras homilías son precisamente los que menos siguen las normas de vida cristiana.

Ah, dije "casi totalmente de ser parte del Estado", joder, al lector no se le escapa una. Claro, con tanta crisis de fe, que tienen que importar curas del exterior y aun así caben a uno para cada muchas parroquias, con la ya exangüe concurrencia a las misas, los feligreses se han quedado ya sólo con la parte folclórica de Semana Santa y Navidades, ¿cómo continúa la Iglesia teniendo tanta influencia sobre el Estado, cómo imponen que la religión continúe en las escuelas con más fuerza que en Italia, el país católico por antonomasia, cómo consiguen que la educación sexual esté fuera del sistema educativo, por qué no se alcanza nunca en el colegio el estudio de la Guerra Civil Española y la posterior dictadura, cómo es que apenas se enjuicia a los curas pederastas y nunca a los encubridores durante décadas, y no se investiga para descubrir cuantos casos podría haber realmente?, mención hecha ya a las inmatriculaciones por las que se han apropiado de un patrimonio inmobiliario de incalculable valor.

Bueno, además del evidente amancebamiento con los dirigentes políticos se me ocurre una buena excusa para todo esto. El Vaticano es a fin de cuentas un estado, los sacerdotes repartidos por todo el mundo podrían ser identificados como embajadores de ese estado, se les podría reconocer entonces que gozan de inmunidad diplomática; en España, gracias al Concordato, les hemos concedido impunidad diplomática.

Un tema interesante y de actualidad es el del velo islámico, el de permitir o no su uso en centros educativos y demás edificios públicos. Hay seductoras opiniones tanto a favor, incluyendo ahí a gentes demócratas y laicas, como en contra. A favor: por respeto a la libertad religiosa, a las costumbres y tradiciones propias, a la libertad individual a la hora de vestirse. En contra: por ser un estado aconfesional, por la dificultad de la policía a la hora de identificar, porque se tienen que adaptar a nuestra cultura si han venido a vivir aquí, hombre (hombre, si miramos a Ceuta y Melilla parece que esa cultura también es nuestra). Yo creo que debemos observar la idea central del problema. Todas las demás, como digo, son sugerentes e importantes, pero la idea principal, la que da principio al asunto, no trata aún de religión, de cultura, de seguridad; una mujer se ha de colocar el velo islámico porque así lo quiere su marido o, en su defecto, sus padres y hermanos, es a fin de cuentas una muestra de recato. Para imaginar algo parecido un occidental debe imaginar que su mujer quiere enseñar las tetas en la playa; bueno, yo no he de imaginar nada que mi familia es nudista, que lo imagine el lector, que lo veo un poquitín más conservador que yo. La cuestión es, aunque me disgustara, ¿quién soy yo para decirle a mi mujer como y cuanto se ha de vestir, si me atreviera? (De hecho, no es mi mujer estrictamente, no es mía, no hay matrimonio de por medio). Después están las miles de variables de la vida, claro, que hay maridos que imponen el velo sin gustarle demasiado por no ser el raro, el que deja a su mujer enseñando el cabello por ahí, hala. Que hay mujeres que incluso solteras se imponen a sí mismas ese velo, esa pantalla, "que es mi cultura". Que es la religión la que siempre interviene en el asunto. Que es una cultura que casi recién, otra vez, llega a mezclarse con la europea. Pero la idea primigenia de su uso es la imposición del varón; ay, si le impusiera ella a él no sé qué. Por tanto, en este asunto al menos lo tengo bastante claro.

Velo, no.

Cinco La Pela

Digo yo que habría que dedicar un capítulo somero a lo que realmente nos mueve a todos, a los ciudadanos sisados y a los trileros éstos. Los casos de estafas económicas han sido muchos y jugosos, sólo menciono algunos: Participaciones preferentes, Cláusula Suelo, IRPH, Forum Filatélico, Desahucios, Inyección a la Banca.

Lo increíble, si queremos usar la primera acepción de este adjetivo, no es que se hayan descubierto tantos casos de fraude, ni que estos casos sean en ocasiones tan graves como para arrebatar a la gente todos sus ahorros o su casa de toda la vida. No, lo que no se creen los que están leyendo los libros de historia de dentro de quinientos años es que en un entramado de burocracia colosal, los muy muchos encargados de vigilar que esto no ocurra, Ministerio de Economía, Ministerio de Consumo, Banco de España, CNMV, el resto de diferentes estratos de la Administración, juzgados, etc., ninguno vigiló, nadie sabía nada, nadie hizo nada. Lo que no entiende el extraterrestre que nos vigila con la boca abierta sin terminar de dejarse ver es que, una vez descubiertos los pasteles, nadie, salvo contadísimas excepciones, nadie incluyendo a los que no vigilaron (miraron a otro lado), nadie paga penalmente por nada, dándose la paradoja de que, proporcionalmente, cualquier ratero recibe más pena que estos distinguidos señores. La justicia es igual para todos, ¡ja!, de nuevo, los que se arrogan el título de constitucionalistas, pasándose la Constitución por las gónadas. Lo que no hay forma de tragar es que, pocos meses antes de descubrir gigantescos desfalcos en muchos bancos, las directivas de éstos se subieran unas pensiones, que ya eran jugosas, hasta la estratosfera, ¡y no les pase nada!

De la inyección a la Banca

Me temo quizá el mayor fraude jamás perpetrado en España, vamos a estar pagando durante generaciones, no tiene tratamiento como tal fraude, ni para el poder ni para la opinión pública. Desde Solbes a de Guindos, se nos ha vendido como una parte más de las acciones de gobierno, criticable como todas, claro, y ya está. Las Secciones de Argumentario de los partidos tardaron un poco, pero al final elaboraron dos justificaciones que sostenían que esto era un mal menor absolutamente necesario, claras, procedentes, de sentido común; falsas: no se podía permitir que los accionistas y cuentacorrentistas perdieran su dinero, y, la Banca es sistémica, no se la puede dejar caer. De propina alegaron que era un préstamo que se devolvería con intereses, algo que se demostró mentira. No lo olvide, les dieron nuestro dinero.

Falso, los accionistas no apostaban sobre seguro, por definición sabían que corrían un riesgo; a los depositantes se los podría haber indemnizado, de decidirse así, con una cantidad infinitamente menor que la de salvar el banco al completo. Además, por qué salvar a accionistas y cuentacorrentistas y no a cualquier otro que pierde su dinero en la forma que sea. Como diría después un ilustre chorizo "es el mercado, amigo".

Falso, si la Banca es estructural, sistémica, lo cierto es que no todos los bancos estaban arruinados, con lo que el espacio dejado en el mercado por la caída de unos sería ocupado por el resto, volvemos a citar a aquel castizo mangante, de casta le viene, "es el mercado, amigo".

Y surge otra duda, si dentro de equis años se vuelve a arruinar la Banca, ¿volvemos a salvarla? Si se decide <ahora no, esto ya es demasiado, esto no es de justicia>, ¿por qué fue justo que lo hicieran Zapatitos y Emepunto? Preguntas.

Postcoito

Este libro está escrito en el estilo de estos tiempos de la cultura de lo efímero, sin bibliografía, breve y espero asequible para muchas entendederas. No nos engañemos, la lectura, y sobre todo la literatura, están agonizando. No ha sido culpa de la televisión, o la radio, como antiguamente se temía; no hablo de que el libro electrónico acabe con el de papel, o de que el pirateo lleve a la ruina a editoriales y autores. No son éstos los culpables de la muerte de la literatura, o al menos, no totalmente. Hablo del auge de la tecnología de la comunicación, de la transmisión de información, pero no por ser un sustituto más asequible que la lectura, sino porque el cerebro humano se está adaptando a los nuevos tiempos. De la misma manera a cómo hemos dejado de recordar los pocos o muchos números de teléfono de nuestro círculo, nuestro móvil ya se ocupa de eso, la inmediatez y vastedad de la información a que ahora tenemos acceso de forma casi gratuita, la profusión de enlaces que nos hacen saltar de una información a otra, la costumbre de husmear, medio leer, casi hacer, varias cosas a la vez, ha conseguido que nuestro cerebro pierda la capacidad de concentración. Yo mismo lo he notado, lector impenitente de niño y de joven, noto en los últimos años que aplazo cada vez más el momento de la lectura y, cuando lo hago, no consigo la concentración de antaño, a veces he de volver a releer pues mis ojos se posaron sobre los caracteres sin que éstos

dejasen impronta en mi cerebro. Lo achacaba a la madurez, a que
dispongo de menos tiempo y más responsabilidades; parece que la
tecnología es la principal culpable. La lectura, aunque placentera,
requiere del esfuerzo físico de la vista y del esfuerzo intelectual que
hace que nos internemos en ese mundo paralelo, que junto con el
autor terminemos nosotros de darle forma a la historia, para que ésta
continúe con nosotros para siempre. Espero, lector, que continúe
usted conmigo hasta el final de esta pequeña aventura, no se
inquiete, ya falta poco, pero me niego a acicatearlo con fuegos
artificiales, chismografía o algún tipo de basurilla intelectual.

Y, ¿qué me dice el lector de la creciente falta de capacidad de
escucha de las personas en estos tiempos frenéticos? ¿Lo ha notado
también? Y no sólo hablo de prisa literalmente, las conversaciones
de la actualidad son un intento de imponer o al menos exponer el
criterio del uno sobre el del otro, el escuchar, que las más de las
veces consiste realmente en oír, cuando alguien lo practica sin
interrumpir al otro, que es lo más generalizado, es sólo a la espera de
su turno de réplica, sin más posibilidad de influencia sobre las
propias ideas, como debería ser una verdadero diálogo o tertulia.
Aquí copiamos a nuestros políticos cuando hablan, que no dialogan,
con sus rivales, incapaces de mostrar otra cualidad que no sea la
<Certeza absoluta en todas sus afirmaciones>, como les ordenan los
asesores.

Reconozco que deja este librito más dudas que certezas, quizá su
propósito, su pequeño éxito, consista en sembrar la duda. Yo sólo
estoy seguro de mis recelos, mis titubeos, perplejidades e
interrogantes.

Por ejemplo, votar, ¿sirve para algo? Tengo un amigo que mantiene que no. En las últimas elecciones andaluzas, en las que cayó el Susanismo, se congratula de que los abstencionistas ya son mayoría, pronto serán mayoría absoluta. Desde luego, es apostar a caballo ganador, aunque no sé cuál es el premio. Sostiene la inutilidad de votar de todos estos años y, sobre Podemos, una teórica salida hacia la decencia surgida del 15-M, que ha sido otro movimiento estéril que, eso sí, ha reconducido al rebaño de nuevo a casa, que en las calles ya estaba siendo peligroso, otra jugada del gobierno en la sombra. Son argumentos difíciles de rebatir, más cuando en mi caso siempre jugué a perder en las elecciones, como ser de un equipo de fútbol pequeño para que cada domingo te partan la cara. Para colmo, he sentido íntimamente en muchos procesos electorales que el resultado, el recuento, era poco creíble.

El Gobierno en la Sombra, la sospecha de su existencia, parece también un producto de nuestros tiempos. Sin entrar en la dinámica de sospechar de todo como les ocurre a algunos, que sólo nos llevaría a la paranoia, parece claro que cuando se legisla beneficiando más a unos que a otros, y cuando esos unos son encima los más fuertes, y para colmo los legisladores acaban formando parte de esos unos en un sistema denominado de puertas giratorias, parece, digo, que los que dictan las leyes están en otros despachos, no son los elegidos inocentemente, mejor cándidamente, por los votantes.

Un dato, en Bruselas, capital europea, se estima que trabajan unos treinta mil lobistas, casi el mismo número ya que de funcionarios. Sí, los lobistas son esas personas que intentan influir en la redacción de las leyes para que éstas beneficien a las empresas que ellos representan. Supongo que para lograrlo emplearán ruegos, palabras amables. ¿Para quién se confeccionarán las leyes entonces, para usted o para las multinacionales?

La superpoblación debería ser también una preocupación de los estadistas, es decir, de aquellos que gobiernan pensando a la vez en el futuro. ¿Vemos esto en nuestros líderes? Parece que no. El fiar todo el llamado progreso al crecimiento constante de la economía, extrañamente en un país finito, en un mundo limitado con unos recursos limitados así lo atestigua. El sistema de pensiones, cuya viabilidad se encuentra en entredicho últimamente, es un ejemplo de como un sistema piramidal, como siempre se ha mantenido, acaba por reventar por la base, y peor parece el remedio que recetan algunos gurús, estimular los nacimientos y la inmigración, pan para hoy y hambre para mañana, recuerde, crecimiento infinito para un planeta finito, que otro apechugue mañana con los problemas.

También es exasperante el tratamiento que dan al transporte los dirigentes políticos. La necesidad de transporte en nuestro tiempo es indiscutible, tanto para las mercancías de un comercio global en constante expansión como para las personas en número creciente que precisan desplazarse para asuntos como ir al trabajo o hacer turismo, otra actividad que no deja de crecer en todo el mundo. Y estos listos se han dedicado a fomentar el uso del coche, con ayudas al sector y construcción de numerosas carreteras mientras el transporte público en las ciudades es de una calidad bastante baja y no dejan de eliminarse las redes de ferrocarril (la excepción la encarna el AVE, deficitario y poco utilitario pero bueno para el márquetin). El problema es más sangrante por cuanto el automóvil supone una de las primeras causas de muerte no natural en el mundo, tanto por accidentes como por patologías respiratorias sobrevenidas por la contaminación, porque es uno de los principales causantes del cambio climático, porque las ciudades han llegado a un punto de invivibles de puro humo y ruido. Entonces, si tantas razones lo aconsejan, ¿por qué no se apuesta por el ferrocarril, por el transporte público, más seguro y barato?, de hecho éste se ha dejado en manos privadas que buscan la rentabilidad por encima del servicio. ¿Por qué orientar la mayoría del gasto hacia el petróleo, un bien del que España carece? La respuesta es obvia, el dirigente se deja querer por el vendedor de crudo y ambos se benefician de ese amor; el problema es que nosotros les pagamos la cama.

Intento comprender aquí por qué democracia significa perdonar a los políticos lo que no perdonaríamos a nadie. Sí, hay casos extremos de cónyuges maltratadores, de empresas explotadoras, de familiares y amigos caraduras que alguna vez nos sisaron algo o todos nuestros ahorros, que son perdonados con contumacia. Pero sería difícil encontrar, aparte de ejemplos puntuales de enamoramientos absurdamente auto lesivos, de personas de candidez extrema, a nadie que soporte tantos agravios, tantas mentiras, tamaños ultrajes, y tan mantenidos en el tiempo, como los que arrostran los votantes por millones. El sentido común parece reñido con la política. Recuerdo en mi Málaga de juventud, todos tenemos recuerdos de este tipo, la perenne promesa de la construcción de un gran parque municipal, el hoy atractivo Parque del Oeste, pero lo que se renovaba una y otra vez era el gran cartel anunciador del futuro parque, que cada muchos años se oxidaba y caía literalmente podrido. Pues así, y con gran parte de la ciudad en estado de abandono, seguía ganando machaconamente la Pesoe. Parece que el votante, como Carpanta que mojaba el pan en el humo de un guiso, sólo se alimenta de promesas.

Se me puede achacar que la crítica feroz a la democracia sirve a ideas dictatoriales. Esto parece cierto, todo buen dictador que se precie comenzó sus andanzas denostando el sistema, vilipendiando a congresistas y senadores por su inutilidad, a los burócratas (políticos) por su manía de dar vueltas sin tomar el camino recto. El *Führer* tenía parte de razón, maldita sea, en sus primeros escritos y discursos. Pero me niego a callarme, a tragar; esa maniobra del "voto útil" nunca fue conmigo, siempre espero no tener que decidir sólo entre lo malo y lo peor, es una de las falsas disyuntivas que nos lanzan desde las tribunas, no se deje engañar.

Hablamos de un mundo en el que se descabalga a jueces molestos, incluso de la carrera judicial, su carrera. Un caso paradigmático es el del juez Garzón, el primero que se atrevió en España a meterse con los capos gallegos de la droga, con el terrorismo de ETA y el terrorismo de estado de los GAL del Psoe, con dictadores como Pinochet; hasta que se le ocurrió atacar la corrupción del PP.

Donde la remuneración de los denominados Altos Cargos, es decir, Subsecretarios de Estado, Consejeros, Secretarios de Estado, Directores Generales, Ministros, Presidentes, etc., y de muchos parlamentarios es pingüe, vitalicia en algunos casos, compatible con otras remuneraciones u ocupaciones futuras, y todo en ciertos casos sin un mínimo de tiempo de cotización. Es decir, un insulto a un trabajador. Recuerde el caso Juan Guerra, un hermanísimo del vicepresidente del gobierno obsequiado con un despacho oficial por el que cobraba, pero realizaba funciones distintas a las oficiales, como cohecho, fraude fiscal, tráfico de influencias… vamos, lo normal. Para mí, la clave de estos hechos no está en el breve relato que acabo de hacer de ellos, la clave está en la anterior palabra por mí escrita: <Recuerde>; aunque sé que es inútil.

Donde la burocracia, ese monstruo que lo devora todo, ha alcanzado unas cotas descomunales que atacan el sentido común y la estabilidad emocional del ciudadano. El incesante crecimiento de la burocracia se debe al incesante crecimiento del número de puestos en la Administración en España, mientras, por cierto, apenas crece el número de administrados, no en la misma proporción, desde luego, puestos creados como pago por favores políticos. Pero también es debido a una incompetencia de base, es decir, es más cómodo, para resolver un problema, encargárselo a otros. Napoleón lo explicaba brillantemente: "Si quieres solucionar un problema, nombra un responsable; si quieres que el problema no se solucione, nombra una comisión". Así, cualquier trámite administrativo se convierte en una yincana, en un laberinto de sucesivas pruebas para el ciudadano. Un amigo inglés afincado en España, aunque esto nos toque el orgullo patrio, también lo explica muy bien: "¿Por qué en España te piden fotocopias de todo? Para dar empleo a los que hacen fotocopias". Además, hay que reseñar que la burocracia atesora otro problema secundario, es algo harto difícil de aminorar una vez creado el engendro.

Acabo ya. No pretendo hacer aquí catálogo pormenorizado de las afrentas, no es el propósito y además resultaría largo y tedioso, tantas y tan graves son. Quedémonos con una idea: nos engañan. ¡Nos engañan!, ¿le parece poco? Nos mienten, siempre esconden una mano tras la sonrisa perfecta y la frase certera. Lo falsean todo, nos embaucan, como he intentado explicar, con hechos reales, no con impresiones, en este libro.

Quizá el lector, con buen criterio, como acostumbra, me pida también soluciones, más allá de la acostumbrada crítica a todo un sistema. Bien, eso quisiera yo, tener soluciones, el lector ya me conoce y me sabe poco amigo de sentar cátedra, sí de sentir dudas, aunque espero también de sembrarlas. Antaño pensaba que un formidable incremento en la dotación de nuestro sistema de justicia podría mejorar grandemente esta sociedad confusa, trasladable también a este mundo que agoniza agotando recursos naturales y pudriendo agua, tierra y aire. Es posible, pero ya sabemos que, al menos aquí, es el político el que decide qué dinero darle a los juzgados, que, en fin, como ya se ha explicado, los poderes ejecutivo, legislativo, judicial, financiero, grandes medios de comunicación, son un entramado de intereses propios, son uno solo finalmente; no se ve a la justicia creciendo a corto plazo, ni nada que podamos hacer usted y yo para conseguirlo.

Otra solución sería la llamada a la revolución, claro, la piedra en la mano indignada, la guillotina trabajando día y noche, el fuego purificador. No sería la primera revuelta que, en términos generales, tras su reguero de sangre, sentara unas bases algo mejores para la sociedad. Pero no acabo de verlo, pertenezco al género acojonado, además, que estas cosas se desatan y acaba desmochado hasta el que pasaba por allí para comprar tabaco. Pero ganas me entran a veces.

La abstención electoral como pasivo pataleo, el voto blanco ciego *saramaguiense*. Bueno, y, ¿después qué? Me daría pena por los de Podemos, para mí han significado una al menos intención verdadera de dignificar la cosa pública, las fallas que se les suelen achacar son infinitamente más leves que las de sus oponentes, y esto cuando son ciertas, aunque ya se matan ellos solitos. Pero claro, si realmente, como se especula, son una creación de la CIA para amansar al rebaño…

Solución final (joder como ha sonado eso escrito), no doy para más, comportarse como un buen ciudadano e inculcar a tus descendientes unos mínimo valores de respeto al prójimo, al suelo que te sostiene y al aire que respiras, intentando sobrellevar la sensación que te embarga cuando intentas ser honrado y te sientes estúpido, ejemplo, que me explique PPSOE por qué he de pagar impuestos de buena gana tras sus amnistías fiscales y la creación de las SICAV, entidades creadas para evadir impuestos (ya me he calentado, no hay manera).

Le dejo con los dos prometidos relatos. No espere el lector una típica estructura de planteamiento, nudo y desenlace. Se trata de una fusión entre realidad y fábula, entre política y sexo al fin…, bueno, si ya los va a leer. En espera de que la ficción aminore posibles efectos adversos de esta receta como náuseas, mal sabor de boca, ira, (uf, mi próximo libro será un poemario) reciba un afectuoso saludo.

Panorámica de la política española actual o ensayo sobre sexo
I Relato

… por tanto, La Burocracia es una gigantesca muralla repleta de puertas; el populacho intenta entrar pero los soldados les conminan a que organicen cenáculos para adjudicar a cada uno el debido pórtico, a que alcancen virtudes para poder entrar, a que demuestren esos méritos ante el soldado comisionado y no otro, a que lo hagan antes de una fecha (pasada ésta los méritos no serán meritorios), a que esperen tomas de decisiones, a que conformen consorcios para la mejor gestión de sus diligencias y para poseer la debida categoría necesaria para litigar con las corporaciones de la corte, a que dediquen parte de sus diezmos a la "puesta en valor" de la muralla (…) pero cuando, después de indecibles e interminables penurias, mucho peores todas que el santificado trabajo físico, se me adjudicó al fin una portezuela y pude atravesarla, me encontré con que al otro lado había hombres con rostro asombrado, cuando no hastiado, en el reverso de la muralla, a dónde todos íbamos a desembocar por diferentes puertas (…) y ninguno recordábamos qué era lo que buscábamos en un principio…

Nima Jneb   Cuentos de la Corte

Es curioso que denominen sexo oral a la práctica sexual en la que no se puede hablar.

Woody Allen

He de reconocer que la idea en la que se basa este relato es algo extraña, incluso me atrevería a calificarla de peregrina. Me explico: por un lado, está la petición formal de mi editor para que redacte un trabajo relacionado, íntimamente ligado o directamente basado en sexualidad, sexo, o porno duro, que lo mismo le va a dar a él, intención comprensible la suya por la actualidad de que goza este asunto en nuestros días —de hecho, creo que es actual desde que Caín tuvo a bien abrirle la cabeza a su hermano, si no antes— Por otra parte, ardo en deseos de ponerme a trabajar en lo que es mi verdadera pasión, esto es, la política española desde la transición hasta la actualidad. Tengo que admitir que este asunto ocupa mi tiempo casi en su totalidad, y es que cuando algo invade tu mente de ideas a cualquier hora, cuando las últimas declaraciones de Mariano Rajoy son tu último pensamiento antes de dormirte y el primero al despertarte, cuando el programa electoral del PSOE, mediada la legislatura, te impide conciliar el sueño, cuando te sientes poseído por delirios en los que Pepiño Blanco es un autómata diabólico que no cesa de repetir el Partido Popular…el Partido Popular… el Partido Popular…cuando escuchas a aquella portavoz o a aquel parlamentario utilizar lo que podríamos denominar la <justificación infinita> y sientes buitres leonados revolotear juguetones en tu intestino delgado, es que tienes una vocación frustrada. Supongo que debería haber estudiado para analista político y no habría llegado al aspirante a redactor de prospectos que soy en la actualidad.

Hay que decir también que la pasión es compartida, que el país respira al ritmo que le marca la tertulia política de radio y televisión. Por mi parte, hago un inciso aquí para tratar de describir, aunque sea de forma somera, cómo este término que acabo de acuñar <tertulia política> se ha convertido en mi verdadera y única religión y cómo la tertulia se retroalimenta y es un fin en sí misma, y cómo el sueño intangible de participar en una de ellas algún día ha llegado a ser el único posible y, paradójicamente, quimérico fin de mis azorados días; y es que jamás poseerá, éste que suscribe, una mínima parte de las virtudes atribuidas a la insigne figura del Tertuliano, entre las que se encuentran, por sólo citar algunas, que no existe margen espacio-temporal que pudiera contener su enumeración pormenorizada, vasta cultura, elocuencia ilimitada, basta erudición, verborrea infinita, y don de la ubicuidad, necesario este último para el tertuliano de alto rango que tiene la capacidad de acompañarte del transistor de la cocina al programa de televisión del salón sin solución de continuidad para más tarde participar en un debate televisivo ardiente y pseudo-agresivísimo y acabar la jornada en la tertulia tardía de Radio Nacional de España con envidiable frescura de ideas y reflejos intactos; y mañana podemos desayunar, cómodamente sentados en el frescor vespertino de nuestra terraza, con el sesudo artículo de opinión de nuestro querido amigo qué más tarde veremos, a media mañana, en televisión con María Teresa Campos despellejar al adversario con renovados bríos y elegancia de meretriz.

Un ejemplo paradigmático de la figura del tertuliano lo encontramos en José María Brunet, un catalán impasible que atesora, amén de las virtudes antes expuestas y algunas cuya denominación

aún no se ha inventado, la capacidad de conseguir apenas ser
interrumpido nunca, él que precisamente casi nunca emite una
palabra a un volumen más alto que otro. Pero todo Superman tiene
su kriptonita y la mítica impavidez de Brunete estalla como una
burbuja inmobiliaria, en muy contadas ocasiones, eso sí, pero estalla
cuando alguien, que suele ser un rival de la mesa de enfrente, de los
denominados reaccionarios, carcas, etcétera, tiene la feliz idea de
recordarle su filiación socialista; entonces la compostura relaja su
disciplina, un velo de sangre enturbia tenue la mirada y la similitud
del Buda satisfecho y orondo, acentuada por la más o menos
incipiente obesidad que algún malintencionado ha osado relacionar
con el famoso síndrome de estómago agradecido, se esfuma en favor
de una ira difícilmente justificable, y es que del descomunal
parlamento de un tertuliano, desde que existen registros de audio, en
realidad todo se puede poner en duda de forma más o menos
fehaciente, de ahí el amor que profeso a estos seres tan cercanos a la
filosofía pura, todo excepto la dicha filiación; si el querido lector es
atento y aplicado, y se concentra debidamente emitiendo un
profundo oommmm de yogui, incluso conseguirá ver el carné del
partido pegado en la frente del tertuliano, por descuido
posiblemente.

Y sobre todo, por encima del bien y del mal, el tertuliano posee la
autoridad moral de guiar al rebaño con sapiencia de pastor hacia el
redil del voto útil, o el voto anti incompetencia para que otro te
robe… Paradójicamente, el tertuliano avezado jurará ante La Biblia
si hace falta que él no tiene poder sobre el sentido del voto, algo
curioso cuando a ello dedica el cien por cien de su vida tertuliana.

Que la mano derecha no sepa lo que hace la mano izquierda mientras ves la paja en el ojo ajeno.

Si a todo ello añadimos unas gotas de leve y esporádica crítica al partido al que representa y pequeños ramalazos de polémica ocasional para mantener la tensión, obtendremos la perfección hecha ser humano. Curioso el asunto de la tertulia, que merece dediquemos estudio aparte en un futuro que espero no muy lejano.

Pero yo tenía que escribir sobre sexo por obligación y sentía por la política devoción, y el tiempo me apremiaba, así que la idea fue unir *samba y trabalhares*, ahí es nada, y para ello pensé en simplemente fundir ambos asuntos, es decir, tomar la maravillosa puesta en escena de la comparecencia pública de un ministro, el excelso ritual de la rueda de prensa de un dirigente de oposición, extraordinarios ejemplos de guías espirituales que nos marcan el camino a seguir y nos hacen ser mejores personas, vaciar el parlamento de los sujetos, su contenido real, y volver a rellenar con el amigo *Ensayo sobre sexo*. Sé que se me acusará de afollar la política —o incluso de algo peor— pero, no nos engañemos, para evitar que el peligrosísimo cruce que hay cercano a mi casa, con cinco vías que convergen sin rotonda, sin semáforo ni señalización, deje de ser peligroso, para conseguir que la turística Nerja de Verano Azul deje de verter sus aguas fecales al mar sin depurar en el año 2009*, no necesitamos Ayuntamientos, Mancomunidades de Municipios varias, Diputación Provincial, Comunidad Autónoma con Consejerías variadas, Subsecretarios de Secretarios, Diputados, Senadores, Comunidad Europea, Consorcios Públicos de pelajes diversos y Ministerio de Administraciones Públicas que pongan orden en el caos. Y delegados provinciales de cada estamento. Y la ONU y la santísima Iglesia, amén.

Y una rueda de prensa en la que se nos explique todo.

No, hay que reconocer que el discurso de estos personajes es perfectamente prescindible.

Así que éste es el resultado. Espero que les guste.

*En 2019 en Nerja la vida sigue igual, aguas podridas, de aquellos polvos, estos bobos.

Fecha: 07/10/08

Comparecencia del Excelentísimo sr. Don José Luís Rodríguez Zapatero, Presidente del Gobierno del reino de España.

Lugar: sala (azul) de comparecencias de Moncloa, (creo).

Motivo: explicación de la concesión de 30.000 millones de Euros ampliables a 50.000 a la banca española para inyectar liquidez al sistema financiero (más adelante, el ministro de economía Pedro Solbes, a preguntas de un periodista, afirmaría con rotundidad que se iba a "inyectar liquidez", no a "aportar fondos").

Detalles: El Presidente mantiene los parámetros de comunicación oral y corporal que le marcaron los asesores al comienzo de su primigenia carrera hacia Moncloa, esto es, enarcar de cejas, ausencia de parpadeo y rostro serio de padre severísimo, impostación de la voz en un vano intento de ser bajo aunque no llega a barítono, lo que le da el aspecto del que desea expulsar un eructo que nunca llega, reiteradas e injustificadas pausas en el parlamento que invitan al oyente a reflexionar (en porqué se para tanto), leve braceo que pretende compensar la severidad del rostro y aportar franqueza pero que, por mantener los dedos unidos, no pasa de ser un gesto mecánico, repetitivo, cómo de muñeco de ventrílocuo.

Contenido: el Presidente tiene por delante lo que cualquier mortal denominaríamos, una papeleta, es decir, explicar por qué no se da dinero público a, por ejemplo, hipotecados embargados, o a autónomos, que no cobran lo que les adeudan entidades locales, y sí a entidades privadas, que aumentan los beneficios de sus directivas anualmente de forma casi exponencial, a las que no se les debe nada, para premiar su mala gestión, sin exigirles mano abierta de crédito para con sus clientes, las que son verdaderas causantes de la crisis de la especulación; pero para un licenciado en derecho que además es ya un animal político curtido, la presente exposición es su pan de cada día que despacha sin pestañear.

Consecuencia: darle valor a las cifras. Me explico. Todo hijo de vecino tenemos un límite en que el dinero deja de tener valor; sé qué puedo conseguir con cinco euros, o con diez mil, y siento los doscientos mil de mi hipoteca como una losa vitalicia, pero llega un momento en qué, para mí, la diferencia entre trescientos millones de euros y mil millones sólo estriba en que preferiría que me dieran los mil. El actual gobierno, con sus sucesivas aportaciones, subvenciones e inyecciones incrementadas por la actual crisis ha conseguido arrojar luz en este sentido. Por ejemplo, he comprendido que, dentro de la macro cifra, el estado tiene más dinero que los bancos, o al menos se le permite endeudarse hasta el infinito; también hemos visto que mientras la crisis vacía los bolsillos de la gente el estado no está en bancarrota ni mucho menos, de hecho, con una simple división, cualquiera puede observar que con una pequeña parte de lo que se "inyecta" a bancos, industria automovilística, autopistas, etcétera, se podrían arreglar la mayoría de problemas económicos de la clase media. Aunque no se oye decir a ningún dirigente, parece que la crisis de confianza financiera o cómo quieran llamarla se traduce en algo tan viejo cómo el desigual reparto de la riqueza.

A continuación, tiene la palabra el Presidente del Gobierno.

<< Quiero follar, quiero follar, quiero follar>> Intercale el estimado lector, cuando lo estime conveniente con su magnífico criterio, las conocidas pausas de Presidencia. << Si aquel imperecedero tonto de pueblo se subió a un árbol para escandalizar a biempensantes, turbar a familiares y divertirnos a todos, es evidente que el chico tenía un problema. Y por ende, lo tenemos todos. Ha conseguido subir a un árbol de tamaño considerable pero no puede echar un casquete. Impelido por el deseo es energía pura, es capaz de prodigios físicos y de invadir con su lela voz toda la comarca, pero no puede tirarse a su prima. ¿Y la concurrencia? Pues digamos que, si tuvieran que elegir, preferirían que mañana el tonto se subiera a otro árbol a que se calce a alguien. Si me apuran, casi preferirían que se cayera, ya maduro, del dicho árbol.

Pero, ¿qué mecanismo consigue que una de las normas no escritas de lo que llamamos sociedad humana tenga al sexo por algo negativo?, aquello que consigue, entre otras cosas, perpetuar la especie. ¿Esto es lo que llaman educación jodío-cristiana? ¿Cómo se entiende que se puedan observar pechos femeninos en una playa, algo considerado por algunos cómo un avance de nuestro tiempo, y diez metros más allá, en el paseo marítimo, ninguna mujer se atreve a hacer lo mismo, y si lo hiciera, o yo enseñara el mango, pongamos por caso, seríamos rápidamente increpados con frases ya conocidas como por ejemplo, ¡que hay niños!? ¿Y no dejarían de impresionarse los niños si la desnudez fuese algo más común y por tanto natural?

Hago un aparte aquí para reseñar que mi desnudez sí perturbaría al gentío, pero por otra razón.

Y continúo: ¿por qué el insigne prologuista de este ensayo afirma que hay manos derechas que no saben lo que hacen las izquierdas mientras ven paja en ojo ajeno, y yo no puedo hacerme una paja a dos manos ante los ojos del mundo? >>

A continuación Zapatero hace una pausa para beber un breve sorbo de agua y ajustar el rostro con una seguridad y firmeza que vacía completamente de credibilidad sus palabras.

<< Yo sueño con un mundo en el que se encule a las damiselas por las esquinas, en que los enamorados se masturben en el asiento del autobús mientras se miran fijamente a los ojos, dónde el sodomita sodomice al sodomizado en plaza pública mientras éste se llena la boca de rabo expulsando el aire por la nariz con vehemencia, dónde las ninfas se devoren las vulvas con dedicación y apertura de piernas infinita. ¡Qué la carne salga a la luz con escarnio y descarnado desparpajo! ¡Qué se genere y generalice el intercambio generacional! >>

Fecha (importante): 24/12/08

Mensaje navideño televisado de S. M. Don Juan Carlos I Rey de España y Capitán General de los Ejércitos de Tierra, Mar y Aire.

Lugar: Palacio de La Zarzuela (con Portal de Belén de fondo)

A continuación, tiene la palabra el Rey (con su magnífica dicción de ventrílocuo)

<< Grande la tengo, más grande la quisiera, que entre las piernas no me cupiera.

Como podrá apreciar el pueblo y la nación española, estoy hablando de mi moto. Pero, ¿y si fuera mi polla lo que me traigo entre manos? Pues, amén de resultar un ingenioso y jocoso juego de palabras, vendría a significar que mi condición es motivo de orgullo y satisfacción, y si no, ahí está mi prole, luenga cómo ancha es Castilla porque, a fin de cuentas, polvo eres y al polvo volverás o de un polvo vienes y un polvo echarás, y viva Príapo que puede jugar al béisbol sin manos...>>

Fecha: 8/11/08 (más o menos)

Programa: "59 Segundos" de Radio Televisión Española.

Lugar: Aula Magna de la Facultad de Derecho de la Universidad Complutense de Madrid (me parece)

Reglamento del programa: En el tiempo estipulado los periodistas deben criticar con saña al partido político contrario por los mismos hechos que perpetra el que ellos representan.

Corte: enfrentamiento verbal entre José María Calleja, "progre", Isabel San Sebastián, "carca", y Ana Pastor, moderadora moderadamente inclinada.

Resultado: No hay acuerdo; San Sebastián se ve obligada a abandonar el plató.

Antecedentes: Recordemos el excelso prólogo de este relato que el lector paladea con delectación y acaso con hastío, y más concretamente la parte que hace referencia a la asunción por parte del tertuliano de su filiación; Calleja no soporta, no admite, no tolera que le digan quien le paga. Isabel S.S. ha roto de manera flagrante la norma no escrita pero más importante del debate político español al decir "aquí cuatro periodistas defienden al gobierno" y el aludido ha saltado impelido por un resorte de acero (yo era del Capitán Trueno), esputando imprecaciones tan casi plenamente justificadas como levemente inasumibles.

A continuación, El Circo (mediático)

SAN SEBASTIÁN: Yo sólo quiero decirte que no voy a hacer el trío y no lo hago, no por mí, sino porque ella en realidad no quiere.

CALLEJA: Sí, claro pero aquí, una por otra, la casa sin barrer.

PASTOR: Oye a mí no me metas que yo había dicho que sí.

S.S. Sí, pero a la hora de la verdad, en cuanto me acerco a éste o lo miro, te pones en guardia y, claro, cómo comprenderás, a la hora de hacer eso, si no estás de verdad segura va a resultar una situación algo incómoda.

C: Sí joder, aquí somos todos muy liberales y nadie admite que no se atreve o lo que sea pero yo no me como un colín.

P: Mira, tenéis que ver que para mí no es una decisión fácil, joder que le voy a comer el coño a ésta y voy a ver cómo éste se la folla, pero si he dicho que sí es que sí.

S.S.: Tampoco es fácil para mí, que ahí ocurrirá lo que tenga que ocurrir pero vosotros sois pareja y yo estoy en medio, *levantándose* y me voy que he quedado.

C: Que no, que en medio me pido yo.

P: Bueno, yo accedí, así que, que cada palo aguante su vela.

C: O que cada perro se lama su polla, como yo tendré que lamerme la mía.

P: Tú es que estás pelín obsesionado con el trío.

C: No, si te parece me voy a obsesionar con la actitud del gobierno para encarar la coyuntura socio-macro-económica imperante.

S.S.: Pues yo digo que a ésta no la veo convencida y que para mí no es fácil tampoco, que yo también voy a tener que comer *toto* y no es algo que haga todos los días. Adiós, me largo que voy tarde.

C: Queridas niñas, tomad una decisión de una puta vez, que os quiero comer enteras. Para mí tampoco es fácil pero por vosotras tengo que hacerlo.

P: Sí, bueno, y ¿después hacemos otro trío con un tío?

C: *Bebiendo un tenue sorbo de agua y suspirando* Joder.

Fecha: Junio de 2006 (más o menos)

Lugar: Plató Informativos Tele5

Hecho: Entrevista de Juan Pedro Valentín (a la sazón jefe de informativos de la casa, me parece) a José María Aznar (también conocido como "mi amigo Ánsar")

Características del Personaje: Manifiesta incapacidad para reírse provocada por parálisis en labio superior disimulada con horrible bigote (vamos, que encubre la "malafollá" con cara de "malapipa" para desviar la atención)

Contexto: Aznar, con el total desacuerdo de cientos de partidos políticos y asociaciones de todo tipo y la encuesta del Centro de Investigaciones Sociológicas radicalmente en contra, aun cuando tener suele apego al gobierno de turno, y algunos militantes y dirigentes del PP que se atrevieron a manifestarse en este sentido y dimitir de sus cargos e incluso con la Iglesia de frente… se embarca, y a todo su país por ende, en la Invasión de Irak, una guerra absurda; cómo todas. El 11 de marzo de 2004, un brutal atentado terrorista en Madrid consigue que el gobierno se olvide de pruebas, parecer de mandos policiales, reivindicaciones islamistas, y mantiene contra viento y marea que todo apunta a la autoría de ETA, convencido de que en las elecciones, a dos días vista, se pueden perder unos miles de votos si el vulgo estima que el atentado es una represalia por la participación en la invasión, pero olvidando a Cristo: "La verdad os hará libres".

A continuación, tiene la palabra éste. (Y el otro)

JUAN PEDRO VALENTÍN: …bien, yo no lo pongo en duda, lo que digo es que el jueves por la mañana los investigadores tenían la convicción de que fue Meta…

JOSE MARÍA ÁNSAR: …teníamos la convicción de que fue Meta…

J.P.V.: …y el jueves por la tarde aparecen las primeras pruebas, cómo por ejemplo, un banco de tres patas, una cinta con berridos del macho montés en celo, preservativos, guantes de látex de mamporrero, todos objetos no habituales en Meta, entonces, ¿por qué ese empecinamiento, hasta el sábado por la tarde, en atribuir el acto a Meta?

J.M.A.: Yo no distingo entre pastores, no diferencio las cabras y, a estas alturas, no sé ni dónde he aparcado el coche. Pero puedo decirle con absoluta rotundidad que yo no miento; yo no miento ni siquiera cuando no digo la verdad.

J.P.V.: Le pongo más ejemplos: resolución de Pastores Unidos a petición suya para que salga el sol por Antequera, cartas a ganaderos y hortelanos para que condenen a Meta, reportajes en la tele pública sobre anteriores actos de Meta…

J.M.A.: Si lo que quiere decirme es que he intentado inculpar a Meta, le diré que no se coge a esta gente con concesiones.

J.P.V.: Entonces, ¿admite usted que no admite nada o no admite lo que admite u omite que la mete o no quiere que este programa se emita; dimite…?

J.M.A.: ¡Mire usted! ¡La cabra es mía y me la follo cuando quiera!

Videografía:

Zapatero anuncia la creación de un fondo de 30.000 millones para inyectar liquidez en el sistema financiero. Youtube.

Mensaje Navideño SM El Rey de España 2008-09 Parte 1. YouTube.

San Sebastián y Calleja se enfrentan en '59 segundos'. YouTube.

Aznar en apuros. YouTube. (23/11/11, compruebo que el video ha sido eliminado de la plataforma YouTube).

Panorámica de la política española actual o ensayo sobre sexo
II

Pues sí, tras fuertes presiones, me veo impelido a desarrollar una segunda parte de este tratado que aúna dos de mis mayores motivaciones vitales. Ya la ahora conocida como "primera parte" obtuvo un gran éxito en un círculo compacto de lectores, que alabaron el estudio con tanto ahínco que no encontraron las palabras apropiadas a emplear.

Desde luego el contexto ha cambiado, los tiempos cambian vertiginosamente. Apenas unos cinco años nos separan de nuestro primer documento, y lo que era una situación de incipiente crisis económica en una democracia preadolescente se traduce ahora en un supuesto fin de la crisis de la que ha salido España pero no los españoles. En fin, un aumento de la desigualdad que afecta por igual a los de siempre mientras los de siempre callan a voz en grito que la Justicia es igual para todos y que vivan la igualdad de oportunidades y el mercado libre.

Bueno, esto en cuanto a política. Otra historia sería hablar de en qué ha cambiado el sexo en nuestra sociedad en tan breve lapso. Pues la educación sexual sigue prácticamente inexistiendo en los planes educativos, el vídeo x sufre una aceleración en su intensidad, mescolanza, apertura de nuevas vías (eso me han contado), y una democratización en cuanto a su difusión por razones digitalmente obvias. Y mientras, el cine español a lo suyo, que es no esconder entre violines y pliegues de raso la vida.

Sobre la evolución del redactor, que también la hay, reseñar que el cursillo intensivo de economía a que todos nos hemos visto sometidos ha acrecentado sus conocimientos para llegar a la conclusión, no conclusiva aún, de que el problema básico es el defectuoso reparto de la riqueza y la falta de difusión de *viagra* de forma libre y gratuita.

Recordará el ávido lector, que seguro ha leído el primer ensayo, no me imagino qué tenía mejor que hacer, que en nuestro primer texto tomamos comparecencias reales, ahí está *youtube* para dar fe, de dirigentes públicos y otros entes, les borramos el parlamento y volvimos a insuflarles vida mediante un discurso referido a sexo. Pues en este caso vamos a hacer lo contrario, esto es, a integrantes de una escena tórrida, o explícita, o atlética, les vamos a encajar unas interesantes reflexiones sobre la actual situación socioeconómica que aportarán su granito de arena al gran debate nacional. Utilizaremos para ello vídeos reales de fácil acceso en la red, con lo que el lector podrá disfrutar de nuevo de forma interactiva del relato, esto es, viendo el vídeo sin audio y leyendo por encima el suculento texto; quizá se atreva incluso a doblar el film, como ya hicieran posiblemente numerosos lectores del primer ensayo; en este caso en pareja o grupo, dependiendo de cuantas personas integren la escena, puede ser una forma amena de pasar tardes lluviosas de domingo. Adjunto al final la reseña videográfica con estos fines. La única pega sería la actuación de la censura, que ya eliminó algún vídeo de la plataforma *youtube*, Aznar sabe de qué hablo, pero el que suscribe no cuenta con poder suficiente aún para luchar contra estas fuerzas, así que animo al lector a que disfrute de este producto combinado antes de que sea tarde.

Como siempre, la evaluación del éxito de esta pequeña empresa se basará, no tanto en lo que aporte la reflexión política a la sociedad, aquí ya no hay remedio, sino más bien en la persistencia del tocamiento del lector mientras disfruta del producto. Aquel no interesado en formar parte del estudio puede escribir un correo a panorámicapoliticasexo69@jodemail.com ejerciendo las acciones de cancelación y protección de datos que marca la ley, o simplemente tapando la cámara de su ordenador, si ahí lo lee, con un trocito de cinta aislante mientras disfruta del texto.

Lolita (escena eliminada) (YouTube)

Película: Lolita de Adrian Lyne, 1997, Estados Unidos

Basada en la novela homónima de Vladimir Nabocov

Humbert, interpretado por Jeremy Irons, hombre de mediana edad y Lolita, chica de catorce años están sentados en un sofá. Él viste una bata y ella un vestido de tirantes y lleva trenzas. Ella juguetea lanzando una manzana. Él tiene una revista en las manos.

HUMBERT: Hay que ver cómo está el país. Vamos derechos al abismo.

LOLITA: ¿Y a ti qué? ¿Vas a arreglar el mundo en batín?

Al lanzarla por enésima vez él le arrebata la manzana, ella se rebela, le muerde una mano, la recupera y ríe. Muerde la manzana.

L: Déjame ver. *Arrebatándole la revista.*

H: Hey, qué haces. Además, si a ti no te interesa.

Se la roban el uno al otro varias veces hasta que se la queda ella instalando sus piernas desnudas sobre él.

L: A ver, qué tenemos por aquí. Um, qué interesante, sí, sí. Mira, se me arruga la frente y todo, ya soy más lista.

H: Es una revista de política, no la vas a entender.

L: ¿Qué te crees, que no sé leer? Mira lo que dice aquí "tenemos que conformar un gran pacto social a nivel local que a su vez se

enmarque en un gran consenso nacional que vertebre…" Uf, si vas a
tener razón, no entendería esto ni aunque acabara los estudios.
Riendo. ¿Y quién es este tío tan feo de la foto? Vaya pinta, ¿no será
más bien alguien imitando a alguien?

H: Niña, no te rías, que es tu presidente.

L: Pues tiene cara de alelado. Si éste es el más listo…

H: Bueno, que sea el presidente no indica necesariamente que sea
el más dotado…

L: Uy, el más dotado. *Pasándole un pie desnudo por la
entrepierna.* Seguro que tú, con lo que lees, serías mejor presidente.

H: Eeh, ¿yo?, bueno, si te refieres a que cualquiera sería mejor…

*Ella va haciendo evolucionar sus piernas sobre él y él
resoplando.*

H: Quizá el principal problema sea la credibilidad. Alguien que
reiteradamente no mantiene la palabra dada… al final va a conseguir
que esos desarrapados…

L: Qué bien hablas, te voto a ti, que además seguro que cumples
lo que me prometas.

H: Entonces no te prometeré nada, es lo mejor.

L: *Volviendo a moverse sobre él.* Ah, entonces me prometes que
no vas a prometerme nada. *Le coge el rostro con la manzana en la
mano.* Pues entonces me hago de Podemos, que lo sepas. *Comienza
a cantar.* ¡El pueblo, unido, jamás será vencido…! *mientras él
muestra gran desasosiego. Vuelve a tomarle el rostro y ambos
susurran.*

H: No digas eso, van a hundir el país…

L: Que sí, anda, déjame hacerme de Podemos, sólo un poquito.

H: Que no, tú crees que tienes que probar todo lo nuevo porque sí, pero no tiene por qué… *Se acercan los rostros más, aún.*

L: Bueno, si el día que yo pueda votar pongo en el sobre lo que tú quieras, ¿tú qué…? *Suena el teléfono e instantáneamente* ¡Aaahhh! *Ella sale corriendo. Habla por teléfono.* ¿Sí?... No… bueno… vale… a lo mejor se borra… yo qué sé, está viendo a un señor con barba en el periódico… sí, creo, y habla de promesas, yo qué sé, yo no entiendo… sí, sí, descuide.

Él al fin se levanta aunque con el torso algo inclinado hacia delante.

L: Qué mala cara, ¿estás malito?

H: No, ¿quién era?

L: Te han dejado recado, de Génova o algo así, que vayas.

H: Pero, ¡¿por qué no me lo has pasado?, era importante!

L: No sé, como tenías mala pinta.

H: Tengo que irme.

L: ¿Estás seguro? Hombre, si te van a hacer presidente…

La escena más erótica que he visto en mi vida (YouTube)

Película: Muzi V Nadeji, de Jirí Vejdelek, 2011, República Checa

Una pelirroja de porte despampanante entra en un bar con sala de billar. Saluda a un jugador de edad madura que le besa la mano mientras el más joven parece mostrarse impresionado. Como desconocemos los nombres de los personajes llamaremos al mayor Arturo, al joven Nico y a ella Soraya, así, al azar.

ARTURO: ¿Qué, has estado en la reunión? *Ella ríe deliciosamente.* Te presento, esta es Soraya, aunque ya la conocerás.

SORAYA: Sí, salgo demasiado en la tele.

NICO: Un placer conocer a alguien de quién tanto me gustaría aprender.

S: Um, qué salado. Sí, tienes mucho que aprender, salta a la vista. *Ríe juguetona otra vez (ya no lo digo más, que intercale el lector sus pizpiretadas cuando le plazca), y le tiende la mano.*

A: Bueno, ¿cómo ha ido el Consejo?

S: Uf, aburrido, cómo siempre. Total, si no fuera, quién lo iba a notar.

N: Yo lo notaría, tú eres el pilar sobre el que se apoya el estado, estoy seguro.

S: Qué mono, cariño, ahora que no nos oye nadie, si cambiaras a todos los personajes en un Consejo de Ministros, el país no notaría una mierda, todo el guion está escrito de antemano. Bendita inocencia.

A: Niña, no subestimes a Nico, aquí dónde le ves aprende muy rápido y sabe relacionarse, yo le auguro un futuro muy relevante.

S: *Se dispone a darle a una bola de billar.* Ah, bueno, si sabe relacionarse que consiga una cita con esta ministra y hablaremos. *Arturo intenta ayudarla a golpear con el taco, la acaricia y la deja lanzar, un golpe fallido, el taco apenas toca la bola blanca.*

S: Otra cagada, y eso que tenía un asesor encima.

A: No te preocupes. *Golpea una bola.* Oye, ¿cómo va la ley de seguridad ciudadana?

S: ¿Lo qué?

A: Coño, la ley mordaza.

S: Um, no la llames así, que me pongo tontorrona.

A: Dale caña que tengo a mucha gente interesada.

S: Bueno, entonces me tengo que amordazar el pelo.

Se baja las bragas bajo el vestido, lentamente, con naturalidad y las usa como coletero. Arturo mira a Nico sentado y éste bebe de su botellín. Soraya frota la tiza sobre el taco, sopla la punta y va al otro lado de la mesa, se inclina dando la espalda a ambos hombres sentados, dispara y comenta

S: Que se jodan.

A: Todos.

Preservativos luminosos (YouTube)

Película: Una cana al aire, 1989, de Blake Edwards, Estados Unidos.

El personaje interpretado por John Ritter está con una mujer en una habitación. Se besan sobre la cama mientras él a la vez se esfuerza en alcanzar el cajón de la mesilla de noche.

Le pido al lector, acaso dobladora, que imagine o interprete el audio como sigue: ella, como personaje político, intenta alardear sin conseguirlo de acento andaluz y simultáneamente castellanizar pero coloca eses y zetas donde no toca, total, que acaba hablando como una folclórica ebria.

PABLO: Mmm, tenemos que discutir los presupuestos, te voy a meter una enmienda sobre el sueldo mínimo interprofesional que te vas a enterar.

MARÍA JESÚS: Ay, déjalo, si ya está todo redactado.

Acercando los dos las manos al cajón mientras continúan besándose

P: ¿Dónde está el memorándum?

M: Aquí, uf, pero ya está todo hecho, Chiqui.

Maniobrando ambos con dificultad el cajón cae al suelo.

P: Mierda. Arggh, no lo veo, aquí hay una carpeta pero pone
"Panorámica de la Política… no sé qué"

M: Sí, es eso, es para que no caiga en malas manos.

*Ella apaga la televisión con el mando a distancia pero también se
apaga la luz. Todo es oscuridad, o fundido en negro podríamos
decir.*

P: No veo nada, mejor me voy al baño, que te voy a dar una
sorpresa.

*Se enciende un momento la luz del baño, se ve a ella en la cama
quitarse el batín y se apaga de nuevo.*

P: Cariño, ¿quién va a cambiar los presupuestoooos?

*En la pantalla en negro aparece desde la derecha, donde estaba
situado el baño, un pequeño cilindro oscilante de color azul
fosforescente.*

M: Oh, dios, ¿pero qué haces, eso qué es, no me digas que eres un
friki de La Guerra de las Galaxias?

P: No mi amor, ésta sería más bien La Guarra de las Galaxias. Y
esto es un convencedor de ministras.

*El tubo azulón sigue meneándose y desaparece
momentáneamente engullido por la total oscuridad, parece que
bajo las sábanas. Se oye una puerta cerrarse.*

M: Oh, mierda, es Albert.

P: ¿Cómo que Albert? ¿Con cuánta gente estás negociando?

M: Rápido, escóndete. No, ahí no.

Se ve el palo azul moviéndose agitadamente de un lado a otro.

P: Mierda, ¿dónde me escondo?

M: Ahí. Shhh.

Aparece otro tipo encendiendo la luz.

ALBERT: María Jesús, cariño.

M: ¡Chiqui, ¿qué haces, qué quieres ahora?!

A: He venido a negociar, tenemos que alcanzar un consenso.

M: Por favor, no me digas ahora que eres socialdemócrata otra vez.

A: ¿Qué hace el cajón aquí, dónde está el proyecto de presupuestos?

Intentando besarla sobre la cama.

M: ¡Albert, déjame dormir! ¿Adónde vas?

A: Al baño, joder, cuando yo quiero negociar tú no.

M: Haber querido cuando quería yo.

Vuelve del baño con algo en la mano. Pablo abre su puerta pero vuelve a cerrarla.

A: ¿Por qué están aquí mis proposiciones de ley?

M: ¡Lárgate de una vez, mañana tengo sesión de control!

A: Muy bien, ya buscarás mis votos.

Se va, ella apaga la luz y vuelve a aparecer la polla azul.

P: Qué coñazo de tío, este es un veleta. Así que sigues negociando con él, ¿por qué?

M: Necesitamos la mayoría y lo sabes.

Se oye la puerta. Pablo, bueno, la polla azul sobre fondo negro, se esconde. Aparece un cilindro similar pero rojo (una polla)

M: ¡Pero, qué haces, quita ese rabo de mi vista, déjame en paz, ya no quiero tus votos, ahora vamos a gobernar en minoría, por gilipollas!

A: Cariño, tenemos que alcanzar un consenso… ¿eh, que es ese ruido?

Aparece la polla azul y ambas forcejean. Dos pollas de colores sobre fondo negro

P y A: ¡Eh, quieres negociar, si serás… te voy a… uf, no, no me toques con eso…!

M: ¡Aaah, tenemos que pactar entre los tres, mira que me voy con el Pepé y lo llamo Pacto de Estado y que os fríen un paraguas, os dejo con los pactos en la mano!

P y A: ¡Vete a la enmienda, bolivariano, falangista, iraní, españolista… agh… naranjito, rojazo, mamporrero de los bancos, bolivariano…!

Ambos penes caen rendidos a su crispación.

Videografía

Lolita (escena eliminada). YouTube

La escena más erótica que he visto en mi vida (YouTube)

Preservativos luminosos (YouTube)

Breve reseña biográfica del autor

Benjamín Núñez de Jaime lleva viviendo en Málaga y su provincia treintaiséis años, se siente por lo tanto cordobés, también. No goza de estudios universitarios, ni de bachillerato, o como coño se llame ahora, y cuando le dieron el graduado fue bajo este lema de su tutor "total, si no te apruebo va a ser peor". Este es su segundo libro auto editado en cuarentaisiete años (sin contar la colaboración en un manual de estudio para opositores del Servicio Andaluz de Salud), el primero fue La Muerte de un Ministro Relatos. Sus galardones, apenas la inclusión de un relato en un libro impreso y un segundo premio a un poema en una pequeña localidad. También es bajo coral e intérprete de música tradicional irlandesa. Amenaza con publicar el tercer libro.

www.ingramcontent.com/pod-product-compliance
Lightning Source LLC
Chambersburg PA
CBHW070818240726
48654CB00007B/396